KB096881

열 번이나
실패했던
나 사장은

어떻게
창업에
성공했을까?

일상과 이상을 이어주는 책 일상이상 _____

열 번이나 실패했던 나 사장은   성공률 백배 높이는 창업 준비법
어떻게 창업에 성공했을까?

ⓒ 2018, 나승호

초판 1쇄 찍은날 · 2018년 11월 23일
초판 1쇄 펴낸날 · 2018년 11월 30일
펴낸이 · 이효순 | 펴낸곳 · 일상과 이상 | 출판등록 · 제300-2009-112호
편집인 · 김종필
주소 · 경기도 고양시 일산서구 일현로 140 112-301
전화 · 070-7787-7931 | 팩스 · 031-911-7931
이메일 · fkafka98@gmail.com
ISBN 978-89-98453-60-2 (03320)

열 번이나 실패했던 나 사장은

성공률 백배 높이는
창업 준비법

잘되는 창업은
사전영업부터 다르다

성과를 올리는
방법부터 모색하자

멀리 가려면
멀리 내다보자

창업은 속도보다
방향이 중요하다

든든한 지원군을
확보하자

어떻게 창업에 성공했을까?

나승호 지음

일상이상

차례

꽃을 피우기 위해서는
바람을 견뎌야 한다

　바야흐로 자영업이 몰락하고 있다. 지난해 자영업 폐업률은 87.9%로 역대 최고치를 기록했다. 10곳이 창업하면 9곳 가까이 폐업하는 셈이다. 지금 이 순간에도 폐업하는 자영업자들이 크게 늘고 있다. 올해는 국내 자영업 폐업률이 더 높아져 100만 명 이상의 자영업자가 폐업할 것으로 예측되고 있다.

　현장에 가보면 이러한 위기를 더욱 절실히 느낄 수 있다. 매출이 크게 줄어서 인건비를 아끼려고 직접 일하는 사장님들이 늘었고, 폐업만큼은 하고 싶지 않아서 대출을 선택한 사장님들도 늘고 있다. 올해 자영업자들의 대출액은 사상 최초로 300조 원을 넘어섰다.

　그럼에도 불구하고 지금 이 순간에도 600만 명 이상이 자영업자로 살아가고 있다. 자영업자들은 여전히 전체 취업자의 25%에 달하고 있는데, 청년부터 노년에 이르기까지 취업이 힘든 현실에서 최악보다는 차악을 택하는 심정으로 창업에 뛰어들고 있다. "자영업은 지옥"이라고 하지만 먹고살기 위해 재창업을 하는 사람, 취업이 힘들어 창업에 뛰어드는 사람이 많으니, 우리나라에는 자영업자들이 많을 수밖에 없다.

그래서일까? 서점에는 창업 관련 책들이 많이 나와 있다. 그런데 말이다. 대부분의 책들은 장밋빛 환상만을 심어주는 듯하다. 창업하면 직장생활을 할 때보다 많은 돈을 벌 수 있고, 일에 대한 보람도 커진다고 유혹한다. 그러면서 창업에 성공하기 위한 방법들을 담고 있다. 이러한 책들을 읽으면 성공할 거라는 희망이 싹튼다. 하지만 현실은 어떠한가? 창업 이후에 살아남는 자영업자는 극히 드물다. 인건비를 아끼기 위해 가족들까지 매달려 일해도 살아남기 힘들다.

단언컨대 나는 "자영업은 지옥"이라는 말을 누구보다 절실히 깨달은 사람이다. 나는 2004년부터 지금까지 10여 차례나 창업을 했는데 그만큼의 실패도 경험했다. 서른이 채 안 되어 처음 창업에 뛰어들 때에는 직장생활에 적응하기도 전에 무작정 창업이 정답이라고 생각했다. 창업만 하면 더 나은 삶을 보장받을 거라는 환상에 사로잡혀 3차원 프로그램 교육 관련 사업을 동업자와 함께 시작했다. 더 많은 일을 벌이면 잘되겠지 싶어서 1년도 채 안 되어 IT 프로그램 개발 및 판매, 3차원 모델링 용역 사업도 벌였다. 하지만 생각만큼 사업이 잘되지 않아서 생활비라도 벌고자 부동산 경매와 PC방 창업에도 뛰어들었지만 또다시 실패하고 말았다. 다시금 월급쟁이 생활을 시작하게 되었다.

하지만 직장생활을 오래 하지는 않았다. 또다시 창업에 도전하고 싶었고, 이번에는 잘할 수 있을 것 같았다. 2008년에 직장을 퇴사하고 인터넷 쇼핑몰을 창업했다. 그러나 또다시 실패라는 꼬리표를 달게 되었고, ING에 입사해 보험 일을 하게 되었다. 이후에도 창업과 폐업, 취업과 퇴사, 창업을 반복했는데, 2017년 4월에는 직장생활을 또다시 청산하고 ICT(정보통신기술)를 기반으로 한 컴퓨팅(컴퓨터 네트워크, 하드웨어, 소프트웨어 등), 자료 보안, 스마트 팩토리 협업 관련 회사인 인스를 재창업해 운영하고 있다.

다행히 지금 하고 있는 사업은 실리콘밸리 성공신화의 주인공만큼은 아니지만 안정적으로 성장해 나가고 있다. 물론 아직은 성공의 축배를 들기엔 이르고 또다시 실패라는 꼬리표를 달지도 모르겠지만 나는 분명 그전과는 달라져 있다.

이기주의 산문집 『한때 소중했던 것들』에는 이러한 글이 있다.

"식물이 성장하는 과정에서 빛과 수분이 중요하지만 꽃을 피우기 위해서는 바람도 필요하다."

그렇다. 우리가 성장하기 위해서는 빛과 수분뿐만 아니라 '바람'이 필요하다. 우리가 처한 환경은 별 탈 없이 성장할 수 있는 온실이 아니라 비바람이 휘날리는 들판이다. 우리는 비바람도 견디고 태풍도 견뎌야 찬란한 꽃을 피울 수 있다. 여러 번의 실패를 경험한 나는 비로소 빛뿐만 아니라 바람도 고려하게 되었다. 창업에 뛰어들기에 앞서 실패 요인을 미리 고려했다. 바람이 불어올 때 과연 그것을 견뎌낼 여력이 있는지, 그것을 견뎌내기 위해서는 어떻게 해야 하는지부터 생각했다. 나는 실패에 대비하기 위한 준비를 하면서부터 모든 것이 달라졌다. 창업의 성패는 바람을 어떻게 견뎌내느냐에 따라 달라진다는 것을 깨닫자, 비로소 성공을 향해 가는 중이다.

다른 책들과 마찬가지로 이 책은 창업에 성공하기 위한 방법을 담고 있다. 하지만 이 책에서는 성공에 대한 장밋빛 희망을 강조하는 대신에 실패에 대비하는 마음가짐부터 가지라고 강조했다. 그러면서 실패를 이겨내는 방법들을 소개했다. 사업자라면 반드시 부딪칠 수 있는 실패 요인들을 소개하면서 그것들을 슬기롭게 이겨내는 방법들을 담아냈다. 이러한 방법들은 이제까지 내가 겪은 여러 창업 경험들을 바탕으로 한 것이다. 그리 거창한 것도 아니고 독창적인 방법도 아니지만 나처럼 평범한 사람들 모두에게 실질적인 도움이 된다면 좋겠다.

이 책을 쓴 나는 여러분들처럼 날마다 바람을 피해야만 하는 창업자의 길을 걷고 있는 중이다. 나는 처음으로 창업에 뛰어들고자 하는 분들이 바람을 피하는 데 미력하나마 도움을 주고 싶어서 이 책을 쓰게 되었다. 또 폐업 위기에 처한 분들이 재기하는 데 도움을 주기 위해서도 이 책을 썼다. 창업을 시작하기 전에 무엇을 준비해야 성공률을 높일 수 있는지, 초기 운영을 잘하기 위해서는 어떻게 해야 하는지를 소개했다.

어쩌면 이 글은 책으로 나오지 못했을 수도 있었지만 내 경험을 눈여겨보고 두서없는 글이 빛을 볼 수 있도록 해주신 일상과 이상 출판사 김종필 대표님과 출판사 관계자 분들에게 진심으로 감사드린다. 묵묵히 내가 걸어가고 있는 바람 잘 날 없는 삶을 이해하며 길동무가 되어주고 있는 아내와 두 아들, 내 삶에 따스한 빛이 되어주시는 어머니와 식구들, 항상 응원을 건네주는 친구들과 주위의 모든 분들에게도 감사의 말씀을 전한다.

끝으로 잘되는 모습을 한 번도 보여드리지 못하고 보내드려서 생각만 하면 먹먹해지는 그분, 아버지께도 이 책을 전하고 싶다.

바람 부는 날에 지은이 나승호

제 **1** 장

하자마자
잘되는 창업은
뭐가 다른 걸까?

1

불황에도 창업할 수 있을까?

불황, 불황, 불황…. 경기가 좋아야 창업에도 자신감과 기대감이 붙을 텐데, 우리에게 닥친 앞날에는 먹구름이 잔뜩 드리워 있다. 평생직장이 사라지고 사상최악의 실업률이 나타나는 현실에서 당당히 월급쟁이 생활을 청산하고 사장으로 우뚝 서고 싶지만 현실은 만만치 않다. 많은 사장들이 창업 후 1년도 못 버티고 폐업하고 있다. 통계청이 발표한 '2016년 기준 기업 생멸행정통계 결과'에 의하면 창업 후 1년 생존율은 62.7%, 5년 생존율은 27.5%이다. 100개 업체가 창업하면 5년 후에는 27.5개만 살아남는 셈이다.

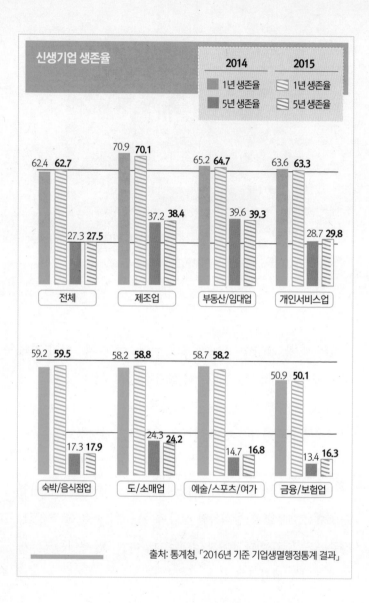

신생기업 생존율

	2014	2015
1년 생존율	■	▨
5년 생존율	■	▨

전체: 62.4 / 62.7 / 27.3 / 27.5
제조업: 70.9 / 70.1 / 37.2 / 38.4
부동산/임대업: 65.2 / 64.7 / 39.6 / 39.3
개인서비스업: 63.6 / 63.3 / 28.7 / 29.8

숙박/음식점업: 59.2 / 59.5 / 17.3 / 17.9
도/소매업: 58.2 / 58.8 / 24.3 / 24.2
예술/스포츠/여가: 58.7 / 58.2 / 14.7 / 16.8
금융/보험업: 50.9 / 50.1 / 13.4 / 16.3

출처: 통계청, 「2016년 기준 기업생멸행정통계 결과」

열 번이나 실패했던 나 사장은 어떻게 창업에 성공했을까?

"창업해도 괜찮겠습니까?"

이 질문은 창업을 준비하는 분들이 나에게 종종 건네는 질문이다. 사실 얼마 전까지 나는 이런 질문을 전혀 받지 못했다. 지금은 여러 창업 경험을 바탕으로 사업을 안정적으로 하고 있지만 몇 년 전까지만 하더라도 실패라는 꼬리표를 달고 살았다. 프로그램 대리점 및 교육 창업, 프로그램 개발 및 판매 창업, 3차원 모델링 용역업체 창업, 인터넷 쇼핑몰 창업, PC방 창업, 스마트 팩토리 프로그램 창업 등 10여 회 이상 창업했지만 실패를 더러 경험하곤 했다.

하지만 "실패는 성공의 어머니"라고 한 에디슨의 말은 창업을 준비하는 우리가 가슴 깊이 새겨야 할 말이다. 그렇다. 실패를 두려워하지 않아야 성공할 수 있다. 창업 후 생존율이 낮기는 하지만 도전하지 않고서는 우리의 미래는 달라지지 않을 것이다.

오늘날 구글과 애플 등의 글로벌 기업은 부모로부터 부를 물려받아 탄생한 기업이 아니라 실패를 두려워하지 않는 도전정신으로 창업해 성공할 수 있었다. 오늘날 미국 실리콘밸리에는 글로벌 기업으로 성장한 기업이 많은데, 이 기업들 중 상당수는 실패를 겪었지만 재기했다. 실리콘밸리에서는 창업 이후 실패하는 경우가 많아서 성공을 위해 평균적으로 2.8회나 창업한다. 실패에 좌절하지 않고 또다시 도전했기 때문에 구글과 애플 등 글로벌 기업이 탄생할 수 있었다.

그래서 나는 "창업해도 괜찮겠습니까?"라고 질문하는 분들에게 다음과 같이 대답해 준다.

"실패를 두려워하지 않는 도전정신이 무엇보다 필요하겠죠. 하지만 그것만으로는 부족합니다. 사업의 성패는 어떻게 준비하느냐에 달려 있습니다. 준비만 제대로 한다면 창업해도 됩니다!"

사실 창업은 일단 '시작하기'만 하면 되니 누구나 할 수 있는 것이다. 지금은 인터넷으로도 쉽게 사업자등록증을 발급받을 수 있는 시대이다. 마음만 먹으면 지금이라도 여러분은 사업자등록증을 발급받아 사업을 시작할 수 있다. 게다가 갈수록 고용률 등이 낮아져 취업이 어려워지자 취업 대신 창업을 생각하는 이들도 늘고 있다. 인구고령화로 은퇴 이후에도 일해야 하는 현실에서 취업도 여의치 않고 취업에 성공했더라도 저임금 일자리가 대부분이다. 또 4차산업혁명으로 산업의 패러다임이 바뀌며 단순생산직을 비롯해 사무직 일자리의 상당수가 사라지고, 경기까지 악화되면서 연일 실업률이 높아지고 있다. 많은 직장인들이 언제든 실업자로 전락할 처지가 된 것이다. 그래서 많은 이들이 창업에 뛰어들고 있다. 통계청이 2017년 12월에 발표한 기업생멸행정통계에 따르면 폐업기업이 64만 개로 전년보다 늘었지만 창업기업 역시 87만 6천 개로 전년 대비 6만 3천 개(7.8%)나 늘었다.

여러분 중에 창업을 한 번쯤 생각한 분들이라면 창업 이후에 성공하는 경우가 극히 드물다는 것을 잘 알고 있을 것이다. 경기가 나쁜데도 음식점과 편의점 등 창업이 늘면서 동종업종끼리 경쟁이 심화되고, 소득은 늘지 않는데 물가가 상승하고 소비심리지수도 하락해 자영업자들의 매출은 크게 줄어들고 있다. 게다가 부동산 가격과 최저임금 등이 상승해 상가 또는 사무실의 임대료와 인건비를 감당하지 못하고 폐업하는 이들이 늘고 있다.

그럼에도 불구하고 성공하는 사람들도 많다. 내 경우에는 10여 회 이상 창업하고 그중 상당수를 실패했지만 또다시 도전하기 위해 실패 이유를 냉정히 분석했다. 나는 왜 실패를 거듭했을까? 바로 준비를 제대로 하지 못했기 때문이다. 통계청이 2017년에 발표한 창업기업실태조사에 따르면 창업자들의 준비기간은 평균 10.4개월에 불과하며, 창업 교육을 받지 않은 창업자가 전체의 83.1%로 대부분을 차지하고 있다. 나 역시 준비기간이 짧았고, 그 기간 동안 적절한 교육도 받지 못했다. 준비를 제대로 하지 못해 실패한 것이다.

이처럼 실패 이유를 깨닫게 되자 나는 달라지기 시작했다. 탄탄한 준비 과정을 거친 뒤에야 비로소 창업했는데, 창업하자마자 좋은 결과를 낳게 되었고, 지금은 엄청난 매출을 자랑할 만큼은 아니지만 안정적으로 매출을 늘리고 있다.

이 책을 읽는 여러분은 나 못지않게 창업에 대한 열의가 클 것이다. 여러분에게도 '성공'이라는 꼬리표가 붙기 위해서는 무엇보다 준비가 필요하다. 창업을 꿈꾼다면 "창업해도 괜찮을까?"라는 질문보다는 "창업은 어떻게 준비해야 하는가?"라는 질문을 해보도록 하자. 이런 질문을 한 다음에야 '성공'에 가까워질 것이다. 자, 그럼 이제부터 나와 함께 창업 준비를 시작해보자.

만약 여러분 중에 직장인이 있다면 어떻게 하는 것이 좋을까? 직장인은 여러 모로 창업을 준비하는 데 유리한 환경을 갖고 있다. 회사를 다니며 안정적으로 월급을 받으면서 사업자등록증을 충분히 낼 수 있다. 최근 들어 이러한 경우가 늘고 있는데, 중소기업청(중소벤처기업부의 전신)과 창업진흥원에서 발간한 '2016년 창업기업 실태조사 최종보고서'에 의하면 창업자 중에서 회사를 다니면서 창업을 시작한 경우는 20.9%나 된다. 물론 회사 사정상 재직 중에 창업이 불가능한 경우도 있겠지만, 회사와 이야기가 잘되어 퇴사 전에 창업을 준비할 수 있다면 이 방법도 바람직할 것이다.

그렇다면 직장인이 아닌 경우에는 어떻게 해야 할까? 만약 지금 사업체를 운영하고 있는 자영업자라면, 남들이 유망하다는 일을 무턱대고 창업하기보다는 새로 시작하는 일을 성공적으로 창업하기 위해 충분한 준비를 거쳐야 한다. 하고자 하는 일의 중장기적인 시장성을 파악하고 사업자금확보계획 등 사

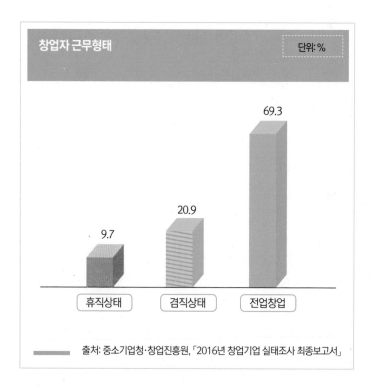

창업자 근무형태　　　　　　　단위: %

휴직상태 9.7
겸직상태 20.9
전업창업 69.3

출처: 중소기업청·창업진흥원,「2016년 창업기업 실태조사 최종보고서」

업운영계획도 세워야 할 것이다. 그와 관련된 구체적인 방법들은 뒤에서 자세히 다룰 것이다.

자, 다시 첫 질문을 생각해 보자. 나에게 "창업해도 괜찮겠습니까?"라고 질문하는 분들은 걱정 반 기대 반이다. 어떤 분들은 창업을 꿈꾸지만 어떤 분들은 창업이 만만치 않다고 생각한다.

인터넷 소비자 시장조사 전문 사이트 트렌드모니터(trendmonitor.co.kr)가 조사한 '2018 창업 관련 인식 조사'에 의하면 우리나라 사람들은 '창업을 고려하지 않는 이유' 중 가장 큰 이유로 '사업은 위험부담이 크기 때문에(55.2%)'를 꼽았다. 그 다음으로 많이 꼽은 이유인 '창업이 잘되지 않을 경우 빚더미에 앉을 수 있기 때문에(36.3%)' 역시 사업에 대한 위험부담과 관련된 것이다.

그런데 트렌드모니터에서는 '창업을 고려하는 이유'도 조사했는데 절반 이상의 응답자가 '생계를 위해서'라고 답변했다. 많은 사람들이 창업을 '생계를 위한 수단'으로 바라본다는 것이다. 이 조사에 따르면 창업은 꿈을 실현시키기 위해서가 아니라 생계를 위한 수단으로 더 많이 인식되고 있다. 특히 연령이 높을수록(20대 50.4%, 30대 64.4%, 40대 73.6%, 50대 79.2%) '창업은 생계를 유지하기 위한 것'이라는 인식이 강했다.

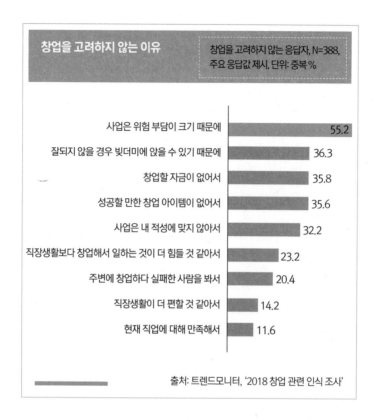

창업을 고려하지 않는 이유

창업을 고려하지 않는 응답자, N=388,
주요 응답값 제시, 단위: 중복 %

사업은 위험 부담이 크기 때문에	55.2
잘되지 않을 경우 빚더미에 앉을 수 있기 때문에	36.3
창업할 자금이 없어서	35.8
성공할 만한 창업 아이템이 없어서	35.6
사업은 내 적성에 맞지 않아서	32.2
직장생활보다 창업해서 일하는 것이 더 힘들 것 같아서	23.2
주변에 창업하다 실패한 사람을 봐서	20.4
직장생활이 더 편할 것 같아서	14.2
현재 직업에 대해 만족해서	11.6

출처: 트렌드모니터, '2018 창업 관련 인식 조사'

　이러한 결과가 나타난 이유는 아무래도 퇴직을 앞두고 생계수단으로 창업을 고려하는 사람들이 많기 때문이다. 반면에 '하고 싶은 일을 한다는 만족감'을 이루기 위해 창업을 고려하는 사람은 4명 중 1명(24.4%)에 불과하다. 한국 사회에서 창업은 '최후의 선택'이라는 인식은 2015년 34.7%에서 2018년

27.3%로 줄어들긴 했지만 여전히 당장의 생계를 해결하기 위해 창업을 선택하는 사람이 많다.

이 책을 읽는 여러분 중에도 '최후의 선택'으로 창업을 선택한 분들이 많을 것이다. 나는 그런 분들에게 말하고 싶다. 자신감 혹은 기대감만으로 창업하려 하다간 '실패'라는 꼬리표가 당연히 따라붙을 것이다. 또 당초의 자신감 또는 기대감과 달리 사업을 하는 과정에서 실패를 거듭한다면 '접을 때 접을 수 있는 용기'도 필요하다. 그래야 재기할 수 있는 기회라도 얻을 수 있다. 모든 사람들이 한 번의 창업으로 성공가도를 달리게 된다면 더할 나위 없이 좋겠지만 현실은 만만치 않다. 성공적인 창업을 하기 위해서는 자신감과 기대감보다는 실패를 이겨내는 힘이 필요하다.

이제부터 나와 함께 비바람을 피하는 방법을 알아보기로 하자.

2
'막연한 기대감'보다는
'나만의 기준'이
필요해

이 글을 읽는 여러분은 어떤 이유로 창업을 준비하려 하는가? 대부분의 창업자는 성공을 꿈꾼다. 내가 꿈꿔온 누군가처럼 되기 위해, 성공한 내 모습을 상상하며 창업을 준비하는 것이다.

멋진 사무실의 가장 좋은 자리에 당당히 자리 잡은 나, 고급승용차의 오너가 되고 고급주택의 주인이 된 나, 대박매출의 주인공들과 어깨를 나란히 하게 된 나…. 이러한 꿈에 기대어 창업을 준비하는 사람이 있는데, 꿈이 현실로 이루어지기 위해서는 그에 상응하는 노력이 필요하다. 성공이라는 꼬리표를 달기 위해서는 하고자 하는 일에 그만큼 많은 열정과 노력을 쏟아 부어야 할 것이다. 그래서 창업은 결코 만만하지 않다. 이는 많은 이들이 쉽사리 창업에 뛰어들지 못하는 이유이기도 하다.

우리는 창업에 성공하면 부자가 될 수 있다는 말에 현혹되어서는 안 된다. 내 경우에도 이러한 말에 현혹되어 쓰디쓴 실패를 맛본 적이 있었다.

나는 직장생활을 하다가 서른이 채 안 된 나이에 처음으로 창업을 하게 되었다. 직장생활로는 부자는커녕 하루하루 살기도 버거울 것만 같았다. 남들과 마찬가지로 창업을 하면 인생역전을 할 수 있을 거라고 생각했다. 그래서 퇴사하고 창업을 시작했는데, 이때 한 일은 3차원 프로그램과 관련된 일이었다. 사업을 해나가면서 애초의 기대와 달리 IT 성공신화의 주인공처럼 연매출이 수십 배 혹은 수백 배 늘지 못했고, 월급보다 많은 돈을 벌기도 힘들었다. 아니, 생활비를 벌기에도 역부족이었다. 바로 그 시기에 부동산에 관심을 갖게 되었다. "큰 부자가 되려면 투자를 잘해야 한다. 리스트가 커야 얻는 것도 크다"는 달콤한 말에 사로잡혀 부동산에 관심을 갖게 되었고 경매를 공부하기 시작했다.

경매에 뛰어들면서 정작 중요한 사업에 매달리는 시간이 줄어들었다. 경매는 인터넷만 검색해서는 안 된다. 발로 뛰어다니며 현장을 조사해야 인터넷에서 볼 수 없는 많은 것들을 볼 수 있어서다. 동사무소에 가서 전입세대열람을 하고, 임장(현 장조사)도 해야 하며, 주인이나 세입자들도 만나야 한다. 이처럼 한참 경매의 바다에 빠져들게 되니 '내가 무언가를 열심히 하고 있다. 이러다 보면 분명히 잘될 것'이라는 생각에 사로잡혔다.

사업을 이렇게 열심히 했다면 얼마나 좋았을까? 야간에는 경매 학원에 등록해 수강하고, 경매 투자자들의 모임에도 참석하며, "첫술에 배부를 수는 없으니, 우선 입찰(경매로 나온 물건을 낙찰받기 위해 경매에 참여하는 것) 경험부터 쌓아야 한다"는 말에 사로잡혔다. 그 조언을 듣고 일부러 낙찰(경매에서 최고입찰가를 써내 부동산의 소유권을 차지하는 것)이 안 되게 입찰가를 써서 직접 입찰도 하게 되면서, '언젠가는 엄청나게 투자 가치가 뛰어난 매물을 싼 가격에 낙찰받을 것'이라는 기대감을 한껏 키웠다.

하지만 좋은 부동산 물건에는 많은 사람들이 몰려드니 낙찰받기가 쉽지 않았다. 시간이 지나자 조바심의 그림자는 점점 면적을 넓혔고, 그러다보니 막연한 '한 방'을 꿈꾸게 되었다. 그러자 막연한 기대감이 덩달아 커져만 갔다. 공실이 많지만 투자 가치가 뛰어나다는 공구상가, 허황된 소문만 무성한 공구상가를 낙찰받게 되었다. 결론부터 말하자면 보기 좋게 실패하고 말았다. 집을 이사하면서까지 마련한 돈으로 2005년에 낙찰받고 2017년에 매도하게 되었는데, 12년이나 지났지만 낙찰가보다 훨씬 낮은 금액으로 매도하게 되었다. 결국 투자자로서도 실패하고 사업가로서도 실패하고 말았다.

나는 시간이 지날수록 애초의 목표매출을 달성하지 못했고, 이는 곧 조바심으로 이어졌다. 하지만 내가 시작한 3차원 프로그램과 관련된 일로 창업해 성공한 사람도 많다. 나는 왜 그들과 달리 실패하고 말았을까? 앞서 얘기한 부동산 경매에 한눈을 판 것도 이유겠지만 창업을 하기 전에 '위험부담'을 진지하게 고려하지 않았기 때문일 것이다.

우리는 현실적으로 부딪칠 수 있는 문제들과 관련된 질문을 스스로에게 던져야 한다. 또 자신에게 닥칠 수 있는 현실적인 문제들을 고려해 '나만의 기준'을 세워야 한다. 자신이 이런저런 문제들을 어느 정도까지 감당할 수 있는지 진지하게 고민한다면 '나만의 기준'을 세울 수 있을 것이다. 이러한 '나만의 기준'을 마련한다면 성공 확률을 높일 수 있을 것이다.

만약 회사를 다니고 있다면 일단 가볍게 고민해 보자.

'함께 일하는 사람 없이 나 혼자 일할 때 얼마를 벌 수 있을까?'

'창업하고 도움받을 수 있는 사람은 얼마나 있을까?'

'사무실은 어디에 어느 정도의 규모로 얻을까?'

'어떤 제품을 과연 한 달에 몇 개를 팔 수 있을까?'

우리는 쉽사리 초심을 잃곤 한다. 회사에 입사하기 전에는 '이 회사에 입사만 한다면 모든 것을 불태울 각오로 열심히 일할 거야. 이 회사에 다니면서 과장도 되고 부장도 되고 임원으로 승진할 거야'라고 다짐하지만 시간이 지나면서 생각을 바꾼다.

'옮길까?'

시간이 지날수록 애초의 '열정'은 온데간데없고, 회사에 대한 기대감은 사라지게 되어 지쳐만 간다.

창업을 준비하는 사람도 쉽사리 초심을 잃는다. 창업을 하기 전에는 '난 할 수 있다. 열심히 하면 잘될 거야'라고 다짐하지만 시간이 지날수록 이러한 기대감은 온데간데없이 사라진다.

그런데 쉽사리 초심을 잃는 사람들에게는 공통점이 있다. 바로 막연한 기대감에 사로잡히는 것이다. 원하는 바를 이루기 위해서는 '어떻게'라는 조건이 필요하다. 원하는 것을 이루기 위해서는 어떻게 할 것인지에 대한 계획이 마련되어야 하지만 상당수의 사람들이 '어떻게'를 고려하지 않고 막연한 기대감에만 사로잡힌다.

이 글을 쓰고 있는 나도 처음 창업을 시작할 때는 '무얼 해도 이만큼 못 벌겠어?'라는 '막연한 기대감'에 사로잡혔다. 막연한 기대감은 현실의 장애물들에 부딪치자 바람에 흩날리는 먼지처럼 흩날리다가 이내 사라지고 말았다. 그리고 경매의 유혹에 넘어가 정작 중요한 사업에 신경 쓰지 못했다.

그때는 왜 몰랐을까? 나는 한 번도 아니고 여러 번이나 쓰디쓴 실패를 맛보았는데, 어리석게도 매번 '막연한 기대감'에 사로잡혔다. 막연한 기대감은 실패를 낳았는데, 이러한 이치를 실패 경험을 통해 비로소 깨달을 수 있었다.

자, 그럼 이제부터 막연한 기대감을 없애버리자. 많은 사람들이 창업을 시작하면 '지금보다 나을 것'이라고 생각하지만 이러한 기대감부터 없애자. 처음에는 '지금만큼'만 해도 성공한 것이다. '지금만큼'이란 창업하기 전에 직장을 다니고 있든 다른 사업을 하든 간에 모든 지출을 제외하고 딱 '지금만큼'만 버는 것이다. 기대치를 너무 낮게 잡은 것이 아니냐고? 천만의 말씀이다. 처음부터 기대치를 높게 잡을수록 실망의 정도도 커질 것이다. 우리는 창업을 이상이 아닌 현실로 받아들여야 한다. 이처럼 막연한 기대감부터 없애야 지금보다 나아질 수 있다.

그렇다고 해서 창업을 준비하면서 두려움에 사로잡혀 포기하는 것도 바람직하지 않다. 창업 준비 과정에서 생각보다 창업 자금이 많이 필요하고, 수익도 적을 것 같아서 포기하는 분들도 많지만 기왕 창업을 시작하려 한다면 이러한 난관들을 슬기롭게 이겨내야 할 것이다. 또 이러한 난관을 이겨내고 갈수록 사업체를 성장시킨다면 보람을 느낄 것이다.

다음으로 쫓기듯이 창업하거나 급하게 창업해서도 안 된다. 지금 하고 있는 일로는 생활비를 벌기에도 턱없이 부족하다고 해서 서두르지는 말자. 준비 없이 창업했다간 더 깊은 절망의 수렁으로 빠져들 수 있기 때문이다. 그러니 자신의 능력과 처지 등을 진지하게 고민하면서 나만의 기준을 세우는 것부터 창업 준비를 시작하는 것이 좋다.

그렇다면 나만의 기준은 어떻게 만들어야 할까? 나는 지금도 사업체를 운영하면서 매달 초에 꼭 정리해 보는 '나만의 기준'이 있다.

1. 현재 통장 잔액(A)

2. 이번 달까지(지금까지 혹은 이번 달 매출로 인해) 입금될 금액(A')

3. 기본 생활비(B)

4. 기본 고정 비용(B)

5. 이번 달에 지출할 매입 금액(B)

6. 지난 달에 발생한 부가세액(C)

이 책의 제6장에서 자세히 설명하겠지만 나는 부가세만 내는 통장을 따로 만들고 C를 이 통장으로 보낸다. 그런 다음에 (A+A')-(3부터 5까지 B의 합)이 현재 통장 잔액(A)보다 적은 경우에 적신호가 들어왔다고 판단하며, 다음 달 매출 계획을 세우고, 지금까지의 미수금을 얼마나 회수해야 할지 판단한다. 이렇게 매월 반드시 확인하게 되면 한 달의 계획을 분명하게 세울 수 있다.

이처럼 '나만의 기준'을 세우면 안정적으로 사업체를 운영할 수 있을 뿐만 아니라 오너로서 책임감도 갖게 된다. 우리는 흔히 사업을 하면서 '잘되면 내 탓, 안되면 남 탓'으로 생각하는데, 이러한 생각은 당장 버려야 한다. 사업을 하면서 매출 등에 적신호가 들어온다면 그 누구도 아닌 내 탓이다. 사업에 책임감을 갖기 위해서도 '나만의 기준'을 세울 필요가 있다.

끝으로 한 가지 강조하고 싶은 것이 있다. 이 책에서 소개한 '나만의 기준'은 어디까지나 내 경우에 해당되는 것이므로 모든 분들에게 해당되지는 않을 것이다. 그러니 여기서 소개한 '나만의 기준'을 여러분 각자의 실정에 맞게 바꾸어 정해도 무방하다. 이 기준을 예로 삼아 여러분 각자에게 적합한 '나만의 기준'을 새로 만들면 좋을 것이다. 예를 들면 나는 '현재 통장 잔액'을 A라고 정했는데, '초기 사업자금'을 A라고 정해도 될 것이다.

결국 '나만의 기준'을 정해 '나만의 창업 나침반'을 확보한다면 나만을 위한 가장 기본적인 목표가 생길 것이다. "이렇게 하면 반드시 성공한다"고 너스레를 떠는 누군가가 정해 놓은 '막연한 기준'들이 아니라 '나만의 기준'들을 스스로 정한다면, 사업을 해나가는 데 필요한 가장 기본적인 나침반을 얻게 될 것이다. 나만의 방식과 방법을 만들어가야 내 삶의 주인공인 내가 성장한다.

3

답답한 현실에서 도피하기 위해서라면 창업은 안 돼

　2017년 8월 구인구직 사이트 사람인에서는 흥미로운 조사를 한 바 있다. 사람인에서는 직장인 943명을 대상으로 '창업 의향'에 대해 조사했다. 그 결과 73%가 '창업 의향'이 있다고 답했다. 직장인 10명 중 7명 이상이 창업하고 싶다고 답한 것이다. 직급별로 보면 임원급 중 83.8%가 '창업 의향'이 있다고 답했고, 대리급은 79.2%, 부장급은 77.3%, 과장급은 74.3%, 사원급은 67.6%가 '창업 의향'이 있다고 답했다.

　왜 많은 직장인들이 창업하고 싶어 하는 것일까? 직장인들이 창업을 하려는 이유는 다음과 같다. '원하는 일을 하고 싶어서'

직장인 10명 중 7명, 창업 하고 싶어!

직장인 943명 설문조사 [자료제공 : 사람인]

73%	**27**%
창업 생각이 있다	창업 생각이 없다

* 창업 생각이 있는 이유 (복수응답)

원하는 일을 하고 싶어서	**48.3**%
정년 없이 평생 일할 수 있어서	**41.7**%
월급보다 돈을 많이 벌 것 같아서	**27.5**%
상사 눈치 없이 편하게 일하고 싶어서	**25.7**%
회사생활이 너무 힘들어서	**21.2**%
투잡 등 부수입을 얻기 위해서	**20.2**%
성공하면 큰 보상이 뒤따라서	**15**%

출처: 사람인, 「직장인 943명 설문조사」

가 48.3%로 가장 많았다. 그 다음으로 '정년 없이 평생 일할 수 있어서'가 41.7%, '월급보다 돈을 많이 벌 것 같아서'가 27.5%, '상사 눈치 없이 편하게 일하고 싶어서'가 25.7%, '회사생활이 너무 힘들어서'가 21.2%, '투잡 등 부수입을 얻기 위해서'가 20.2%, '성공하면 큰 보상이 뒤따라서'가 15%, '업무가 적성에 안 맞아서'가 14.1%였다.

나의 고객 또는 지인 중에는 직장에 다니면서 창업을 꿈꾸는 분들이 있는데, 이들이 창업을 꿈꾸는 이유도 크게 다르지 않다. 가장 많은 48.3%의 직장인들이 창업하려는 이유로 꼽은 것은 '원하는 일을 하고 싶어서'이다. 원하는 일을 한다는 것은 분명 행복한 일이다. 일에 보람을 느낀다면 계속해서 일하고 싶어진다.

그런데 이와는 달리 2위와 3위로 꼽은 이유는 노후와 돈과 관련된 것이다. 2위는 '정년 없이 평생 일할 수 있어서'로 41.7%의 직장인들이 창업하려는 이유로 꼽았고, 3위는 '월급보다 돈을 많이 벌 것 같아서'로 27.5%이다. 이 둘만 합쳐도 69.2%이니 거의 70%에 육박한다. 10명 중 7명의 직장인들이 노후와 돈을 위해 창업을 꿈꾸는 것이다.

하지만 노후와 돈 등을 위해 창업을 하려는 사람들 중 상당수는 '막연한 기대감'에 사로잡혀 있다. 창업만 하면 답답한 직장생활에서 벗어날 수 있을 거라는 환상에 사로잡히는 것이다. 이러한 기대감은 직장생활을 했던 나 역시도 가졌었다. 나는 '직장생활보다는 창업하는 것이 낫겠지' 싶어서 창업을 시작했는데, 내가 만나는 창업을 준비하는 사람들의 대부분도 그런 기대감에 사로잡혀 있다. 그런 기대감에 사로잡힌 분들에게 나는 말해주고 싶다.

"저는 창업하고 나서 이렇게 생각했답니다. '직장생활을 할 때가 가장 좋았다는 걸 왜 몰랐을까?'라고 생각했지요……."

물론 나와는 달리 창업하자마자 성공가도를 달리게 된 분들은 노후걱정을 하지 않아도 될 만큼 많은 돈을 벌 것이다. 이런 분들은 당연히 '직장생활보다 훨씬 낫다'고 생각할 것이다.

하지만 현실은 결코 만만하지 않다. 몇 년 전에 직장인의 애환을 담은 '미생'이라는 드라마가 큰 인기를 끌었다. 이 드라마의 원작은 윤태호 작가의 웹툰이다. 이 웹툰에는 다음과 같은 장면이 등장한다.

각박한 현실이 싫어서 직장생활을 그만두고 창업하려는 분들이 많은데, 회사라는 울타리 밖에서 살아남기 위해서는 더 치열한 전쟁을 치러야 한다. 일례로 40~50대의 많은 직장인들이 프랜차이즈 창업을 하면 괜찮지 않을까 싶어서 창업에 뛰어드는데, 통계청에 의하면 프랜차이즈 창업의 3년 생존율은

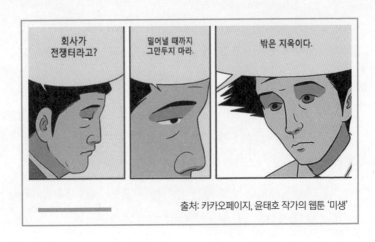

63%로 일반 개인사업자의 3년 생존율(39%)보다는 높다. 하지만 프랜차이즈 창업을 위한 가맹비와 점포임대료 등을 고려하면 최소한 1억 원 이상의 자본이 필요하다. 월급만으로는 살기 힘든 직장인에게 1억 원은 그림의 떡일 수밖에 없다. 또 생존율이 일반 개인사업자의 생존율에 비해 높기는 하지만 그리 높다고 볼 수도 없다.

이와는 달리 원하는 일을 하고 싶어서 창업한다면 어떨까? 원하는 일을 하고 싶어서 1인 기업 또는 스타트 업을 창업하는 경우가 많은데, 스타트 업의 3년 생존율은 38.8%에 불과하다.

만약 생존에 실패해 패자가 되면 끝없이 추락하게 된다. 이렇게 추락하는 분들이 많아서 자영업 생존율은 매우 희박하다.

그렇다면 생존율을 높이기 위해서는 어떻게 해야 할까? 앞에서도 말한 바 있지만 막연한 기대감을 버리고 냉혹한 현실을 바라봐야 한다. 승자보다 패자가 더 많은 전쟁터에서 살아남기 위해서는 창업 준비부터 잘해야 한다. 물론 자영업 폐업률이 90%에 육박했지만 확률의 퍼센트(%)는 숫자에 불과하다. 내가 성공하면 성공률이 100%이고 실패하면 0%일 뿐이다. 100%의 성공률에 도전하기 위해서는 창업 준비를 잘해야 한다. 그리고 창업 성공률을 높이기 위해서는 이제까지 해오던 일을 택하는 것이 유리하다. 경험은 결코 우리를 배반하지 않는데, 새로운 일을 하는 것보다 해오던 일이면서 잘할 수 있는 일을 택해 창업하는 것이 유리할 것이다.

내가 다녔던 첫 직장에서 함께 일했던 사람 중에는 PC방을 창업했던 분이 있었다. 그분은 직장생활을 하면서 뛰어난 기술력을 인정받아 여러 크고 작은 업체와 좋은 관계를 맺었고, 그를 기반으로 판매(영업)까지 하셨다. 기술력은 물론이고 조용한 말투지만 사교력도 뛰어났다. 엔지니어이지만 다양한 거래처를 확보하고 있다는 것만으로도 나는 그분을 우러러보았다. 직장생활에 만족하지 못하고 창업을 꿈꾸던 나는 그분이라면 사업을 해도 잘할 것 같다는 생각이 들었다. 그런 그분이 갑자기 PC방을 오픈했다고 했다.

게다가 그분은 새로운 PC방을 오픈한 것이 아니라 다른 사람이 운영하던 PC방을 인수했다. 그 좋은 기술력과 영업력을 활용한다면 분명히 사업도 잘하실 것 같았는데, 그분의 기술력과 영업력과는 전혀 관련 없는 PC방을 오픈했으니 좀 의아했다.

이후에 그분은 PC방을 몇 번 인수했다 팔았는데, 지금은 예전처럼 자주 뵙지 못하고 있다. 나는 그분을 마지막으로 뵈었을 때의 기억이 지금도 생생하다. 그분은 다음과 같이 말하며 연신 담배만 피웠다.

"생각보다 돈이 안 되네. 이 일은 아닌 것 같아서 이 PC방도 내놨어. 다른 일을 하려고 준비 중인데 뭘 해야 할지…….."

만약 그분이 PC방 대신에 직장생활을 하면서 쌓은 기술력과 영업력을 십분 발휘할 수 있는 일에 뛰어들었다면 어떻게 되었을까? 지금보다는 분명 잘되지 않았을까? '새로운 일'보다는 '해오던 일'이면서 '잘할 수 있는 일'을 하는 것이 유리한데, '잘할 수 있는 일'을 잘해내기 위해 꼼꼼히 준비한다면 결과는 분명 달라질 것이다. 자, 그럼 이제부터 성공적인 창업을 위해 무엇을 어떻게 준비해야 할지 알아보기로 하자.

제장

든든한
지원군을
확보하자

1
매출을 주도하는 주아이템부터 선정하자

창업을 준비하면서 가장 먼저 생각해야 할 것은 무엇일까? 창업을 준비하려면 고민 또 고민해야 하는데, 가장 고민해야 할 것은 '무엇으로 승부할까'이다.

그렇다면 우리는 무엇으로 승부해야 할까? 신문과 방송 등에서는 대박 아이템으로 창업에 성공한 사람들을 종종 소개한다. 그러면 이러한 사람들을 따라하는 사람이 의외로 많다. 예를 들어 고시촌이나 학원가에서 컵밥을 팔아 성공한 사람을 벤치마킹해 컵밥을 팔기 시작하는 사람도 많다. 하지만 현실은 어떠한가? 성공신화의 주인공처럼 성공하는 경우는 매우 드물다. 요식업에 종사했던 경험이 있는 사람이라면 그나마 낫겠지만 요식업에 문외한인 사람이 '컵밥 하나 만드는 게 대수이겠는가' 하고 뛰어들었다가 망하는 경우가 흔하다. 단순해 보이는 컵밥 하나에도 맛의 비결이 숨어 있고, 맛뿐만 아니라 상권도 성패를 좌우한다.

선무당이 사람 잡는다고 음식장사를 해보지 않은 사람이 덜컥 대박 아이템을 따라했다가 망하는 경우가 많은데, 막연한 기대감에 사로잡혀 새로운 일을 하는 것보다는 해오던 일이면서 잘할 수 있는 일을 택해 창업하는 것이 유리할 것이다. 실제로 내 주위의 창업자들 중 70% 정도는 '자신이 가장 잘하는 일'을 택해 창업했는데, 이들의 상당수는 창업에 성공했다. 이와는 달리 30% 정도의 사람들은 지금 하는 일이 싫어서 다른 일을 해보려고 창업했다. 간혹 운이 좋아서 성공한 사람도 있기는 하지만 이들의 대부분은 실패라는 꼬리표를 달고 말았다.

나 역시도 그랬었다. 월급쟁이 생활을 그만두고 시작했던 일들이 자리 잡지 못하니 막연히 내가 하는 일들이 싫어지기 시작했고, 다른 일을 하면 더 잘할 것 같아서 무작정 시작했던 창업 중에 하나가 PC방이었다. 3~4개월 동안 나름대로 여러 인터넷 카페에도 가입했고, 여러 PC방을 돌아다니며 몇 시간씩 어떻게 운영해야 좋을지 관찰했으며, 대박 PC방 사장님들에게 노하우도 여쭈어보았다. '이 정도면 창업 준비는 할 만큼 한 것'이라고 생각했다. '이번에는 분명히 잘될 기야'라는 확신을 갖고 PC방을 창업했다.

하지만 6개월도 안 되어 몸도 마음도 지쳤다. PC방은 1년 365일 24시간 내내 운영해야 한다. 24시간 내내 불이 꺼지지 않는 점포를 운영하는 것이 쉽지 않았다. 손님이 없는 시간대에는 인건비를 충당하기에도 빠듯했다. 아르바이트 고용을 줄여야 내 수입이 늘어나니 최대한 줄였다. 그렇게 하니 회사를 다닐 때 받은 월급보다는 많이 벌었지만 잠자는 시간 외에는 일해야 했다. 직장생활을 할 때처럼 휴일을 즐길 수 없었고, 여가가 없는 날들이 계속되었다. 결국 몸도 마음도 지치니 처음보다 의욕이 줄었고, 곧 매출도 줄었다. 결국 PC방을 다른 사람에게 양도했다.

창업을 생각하는 분들이라면 다음과 같은 생각을 꼭 해야 할 것이다.

'지금 내가 가장 잘하는 일이 무엇일까? 잘하는 일로 한 달에 얼마의 매출을 올릴 수 있을까?'

지금 하는 일이 싫다고 막연히 남들이 잘된다고 하는 일에 뛰어들어서는 안 된다. 남들이 잘된다는 일을 하면서 수익이 발생하면 좋겠지만, 창업은 현실을 고려해야 한다.

1. 현재 내가 가장 잘하는 일은 무엇일까?

2. 그 일로 한 달에 매출을 얼마나 올릴 수 있을까?

이 두 가지 질문은 매우 간단한 것이지만, 창업은 이 질문들을 자신에게 던지고 나서야 시작해야 한다. 창업에 성공해 안정적으로 사업체를 운영하면서 여유나 안목이 생긴 다음에야 하고 싶은 일을 해도 늦지 않다. 막연한 기대감으로 시작하는 창업은 허상일 뿐이다. 우리는 기대감보다는 현실성을 택해야 한다. 지금 우리가 처한 현실에서는 과거처럼 두 자릿수 이상의 경제성장률을 기대하기 힘들고, 저성장 기조가 이어지고 있다. 이러한 현실에서 살아남기 위해서는 창업 준비를 완벽하게 해야 하는데, 그렇다고 모든 사람이 성공하는 것은 아니다.

하지만 얼마큼 준비하느냐에 따라 결과는 달라질 것이다. 폐업률 90%의 주인공이 되지 않기 위해서는 준비를 잘해야 하는데, 내가 가장 잘할 수 있는 일이 무엇인지부터 생각하고 방향을 잡아야 한다. 그리고 내가 가장 잘할 수 있는 일과 관련된 것을 주아이템으로 선정해야 한다.

나는 여러 고객을 만나기 위해 맛집들을 종종 다니고 있다. 그런데 맛집들에는 한 가지 공통점이 있다. 한 가지 음식으로 승부한다는 것이다. 물론 냉면으로 유명한 맛집에서 만두를 파는 등 주력상품 외에도 다른 음식을 파는 경우도 있지만, 승부를 거는 주아이템은 대게 한 가지이다. 우리는 여러 아이템을 찾기보다 주력상품이 될 한 가지를 선택해야 한다.

원어데이는 하루에 한 가지 상품만 판매하는 전략으로 2007년에 창업한 인터넷 쇼핑몰이다. 원어데이의 창업자 이준희 대표는 옥션의 창업자로도 유명한 인물이다. 그는 이재훈 대표와 함께 옥션을 공동창업했는데, 창업 4년 만인 2011년에 1,700억 원이라는 어마어마한 금액으로 옥션을 이베이에 매각해 벤처업계의 신화를 썼다. '임원기의 人터넷 人사이드(http://limwonki.com)'에는 이준희 대표의 인터뷰 기사가 있는데, 이 인터뷰에서 이준희 대표는 원어데이를 창업한 이유를 밝히고 있다.

"경매 방식의 쇼핑은 이미 정착을 했지만, 소비자들은 이제 이를 뛰어넘는 온라인 쇼핑을 원한다고 생각하고 있습니다. 저는 그 답을 신뢰에서 찾았습니다. 소비자들은 온라인에서 과거보다 훨씬 더 신뢰를 중시하고 있습니다. 좋은 제품을 가장 싼 가격에 믿을 만한 곳에서 사는 것. 이를 위해서 검증 안 된 온갖 물건을 쌓아놓고 팔기보다는 하루에 한 가지씩 소비자들에게 최적의 가격과 최고의 품질을 갖춘 제품을 제공하는 것이 낫겠다고 본 겁니다."

'고객에게 한 가지 상품을 제공해 승부하는 것', 당시만 해도 이 전략은 위험한 발상이었다. 처음 원어데이를 시작할 당시에 업계 전문가들은 '무모한 짓'이라는 반응을 보였다. 당시에 인터넷 쇼핑몰들은 매출을 올리기 위해 적게는 수백 가지에서 많게는 수만 가지의 상품을 판매했다. 업계 전문가들은 한 가지 상품으로는 많은 매출을 올리기 힘들다고 보았다.

대부분의 쇼핑몰들이 많은 상품을 팔수록 경쟁력이 있다고 생각했지만 이준희 대표는 오히려 정반대로 생각했다. '소비자들은 비슷비슷한 상품들 중에서 믿을 수 있는 상품을 원한다'고 생각했고, 이러한 전략은 좋은 결과로 이어졌다. 원어데이는 2007년 1월에 창업한 이후 1년 만에 매출 120억 원을 기록했고, 손익분기점에 도달했다. 2009년 5월에는 일일판매 2만 5천 개를 돌파했고, 8월에는 국내 쇼핑몰로는 옥션에 이어 두 번째로 해외투자유치에 성공했다. IDG벤처스에서 130만 달러의 자금을 끌어들이는 데 성공했다.

안타깝게도 원어데이는 소셜커머스(페이스북, 트위터 등 SNS를 통해 이루어지는 전자상거래. 일정 수 이상의 구매자가 모일 경우 파격적인 할인가로 상품을 제공하는 판매 방식)가 등장하면서 성장세가 둔화되었다. 그는 원어데이를 옥션만큼 성공시키지 못했지만 지금도 초심을 잃지 않고 사업을 지속하고 있다. 자고 나면 많은 쇼핑몰들이 사라지는 현실에서 원어데이는 직원 5명 규모로 시작해 25명 규모로 성장했고, 창업한 지 10년도 더 지난 지금까지도 살아남았다.

우리는 이준희 대표에게 다음과 같은 원칙을 배울 수 있다.

'한 가지만으로도 고객에게 최고의 만족을 줄 수 있는 회사가 되자.'

냉정하게 말하자면 우리에게는 많은 아이템으로 승부할 수 있는 자금과 경험, 조직이 없다. 그렇기 때문에 한 가지만으로도 고객을 사로잡아야 한다. 우리는 옥션을 창업한 경험을 살려 자신이 가장 잘할 수 있는 일을 발견하고 원어데이를 창업한 이준희 대표처럼 '내가 가장 잘하는 일'로 승부해야 한다. 우선 '내가 가장 잘하는 일'을 '주아이템'으로 삼아야 한다. 그런다음에 주아이템의 가치를 더욱 드높일 수 있는 부아이템을 선정해야 한다.

맛집을 예로 들어보자. 대부분의 맛집들은 한 가지로 승부하지만 메인메뉴 이외에 한두 가지 음식을 더 판매한다. 육개장으로 승부하는 맛집에서 매운 것을 못 먹는 어린이를 위해 설렁탕을 판매하기도 한다. 평양냉면으로 승부하는 맛집에서는 물냉면뿐만 아니라 비빔냉면 그리고 만두도 판매한다.

주아이템은 기업 또는 가게의 '아이덴티티(identity)'이다. 어떤 상품과 서비스를 주력으로 판매하느냐에 따라 정체성이 달라진다. 기업 또는 가게의 이미지는 주아이템으로 무엇을 판매하느냐에 따라 달라지는데, 부아이템 역시 주아이템과 관련된 것이어야 기업 또는 가게의 이미지를 고객에게 각인시킬 수 있다. 예를 들어 주아이템으로 냉면을 판매하는 가게에서는 부아이템으로 냉면과 관련된 음식을 판매하는 것이 바람직하다. 냉면을 판매하는 가게에서 떡볶이나 김밥, 튀김 등을 판매한다면 주아이템인 냉면의 이미지도 희미해지고 흔하디흔한 분식집이 되고 말 것이다.

그리고 부아이템을 판매할 경우에는 순수익도 고려해야 한다. 서비스 차원에서 부아이템을 매우 낮은 가격에 판매하는 경우가 있는데, 자칫하면 주아이템보다 부아이템이 인기를 끌어 손해 볼 수도 있기 때문이다. 예를 들어 고깃집에서 점심메뉴로 불고기정식을 싸게 판매하다 정작 중요한 저녁장사 때에 파리만 날리는 경우가 흔하다. 따라서 부아이템은 어디까지나 부아이템이 되어야 한다.

2

**떠나면 남이 된다지만
최소한 적은 만들지 말자**

직장인이라면 지금 다니는 회사와 등지고 나가지는 말아야
한다.

하지만 직장생활을 오래하지 않았던 나는 그렇게 하지 못했
다. 나는 직장에서 하던 일과 관련된 일로 창업했지만 직장생
활로 맺은 인간관계를 활용하지 못해 창업에 실패했다. 그래서
일까? 나는 퇴사하기 전에 인간관계를 잘 맺어야 한다는 것을
누구보다 잘 알고 있다.

회사를 다니면서 모든 사람들을 든든한 아군으로 만들 수 있
다면 좋겠지만 어디 그러기가 쉽겠는가? 회사에는 대개 자신의

아군(?)과 적군(?)이 있을 것이다. 회사를 떠나기 전에 아군을 만들지 못하더라도 최소한 적군을 만들지는 말자. 퇴사하고 나면 두 번 다시 안 볼 거라고 생각할 수도 있겠지만 사람의 관계라는 게 다시 이어질 수도, 도움을 받을 수도 있다. 특히 직장생활과 연계된 일을 창업할 때 그런 경우가 더 자주 생긴다.

만약 많은 매출을 보장하는 한 업체를 고객사로 유치하고자 한다면 계약 또는 거래를 체결해야 한다. 거래를 하기 위해서는 그 업체의 CEO나 임원 등 의사결정권자를 직접 만나야 한다. 이때 그런 의사결정권자와 일면식이 없다면 계약 또는 거래는 쉽사리 성사되지 않을 것이다. 대한민국에서는 "사업은 인맥이 있어야 한다"는 말이 통용되는 것이 현실이다. 대기업이나 중견기업에서 중역으로 일하다 퇴사하고 창업하는 분들이 많은데, 이런 분들이라면 대개 그간 쌓아온 인맥이 있으니 초기에 거래처를 확보하는 것이 어렵지 않을 것이다. 반면에 그렇지 못한 분들이라면 거래처를 확보하는 데 어려움을 겪을 것이다. 이런 이유로 자신보다 인맥이 넓은 사람에게 도움을 구할 때가 많은데, 어느 날 갑자기 전 직장의 상사, 그것도 예전에 사이가 안 좋았던 사람에게 다음과 같이 본심을 드러내면 오히려 불쾌감만 심어줄 뿐이다.

"박 이사님, 안녕하세요. 잘 지내셨습니까? 저 김 대리입니다. 다름이 아니라 A기업 김 이사님이랑 친하시죠?"

필요할 때만 이용하려 한다면 장사꾼이 될 뿐이다. 우리는 사업가가 되어야 한다. 사업가라면 항상 인간관계에 신경 써야 한다. 직장에 다니면서 창업을 꿈꾸는 사람이라면 동료들과 끈끈한 관계를 만들지 못할지언정 최소한 적은 만들지 말아야 한다. 회사의 규모가 커서 직원이 수백 명 이상인 경우에는 모든 사람과 끈끈한 관계를 맺기가 현실적으로 불가능하겠지만 자신이 속한 부서에서 일하는 사람들과의 관계만큼은 특별히 신경 쓰는 것이 좋다. 그리고 가능하다면 재무 관련 부서에서 일하는 사람에게 조언을 구하는 것도 좋다.

우리 몸에 피가 흐르지 않으면 죽음을 맞이하듯 사업체가 생존하기 위해서는 돈이 잘 흘러들어야 한다. 기업에서 재무팀은 회사의 자금을 관리하는데, 재무팀 담당자는 회사 전체의 자금 흐름에 관한 한 전문가이다. 창업을 시작하기 전후에 재무팀 담당자에게 자금 운영과 관련된 많은 조언을 구할 수 있다. 이들은 돈의 흐름을 정확하게 읽고 분석할 수 있는 현장전문가이다. 이들에게 조언을 구한다면 짧은 시간에 어떻게 하면 돈이 잘 흘러들게 할 수 있는지를 배울 수 있다.

하지만 이들에게 대놓고 조언을 구하기는 힘들 것이다. 요새는 재직 중에도 창업을 허용하는 기업들이 늘고 있지만 아직까지도 많은 기업들이 재직 중에 창업을 허용하지 않기 때문이다. 만약 이런 이유로 자신이 창업을 준비한다는 것을 밝히기가 힘들다면 적절한 핑계를 대면서 조언을 구하는 것이 바람직할 것이다.

또 국가 지원 사업을 많이 따내는 담당자가 있다면 창업을 시작하기 전부터 조언을 구할 필요가 있다. 국가 지원 사업을 따내기 위해서는 서류 준비부터 잘해야 하는데, 이런 일을 처음부터 혼자 하는 것이 버거울 수 있다. 따라서 회사 내에 담당자가 있다면 재직 중은 물론 퇴사 이후에도 원활한 관계를 맺는 것이 유리하다.

지금 직장생활을 하지 않고 사업체를 운영하고 있는가? 이 책을 읽는 여러분 중에는 사장님들도 많을 것이다. 만약 지금 하는 일이 잘 안 되어 새로운 일을 창업하려는 분이라면 지금의 현실에서 하루라도 빨리 벗어나고 싶을 것이다. 모든 것을 그만두고 새롭게 시작할 수 있는 일을 찾으려 할 것이다. 예를 들어 음식장사를 했던 분들은 음식이라면 쳐다보기도 싫을 것이다. 음식 말고 다른 것으로 승부하고 싶을 것이다.

하지만 다른 것으로 승부한다고 해서 성공할 수 있겠는가? 요식업의 폐업률이 높은 것은 사실이지만 그렇다고 모든 음식 가게가 문을 닫는 것은 아니다. 요즘 같은 불황에도 살아남는 음식가게들도 있다. 그리고 이렇게 살아남은 음식가게 중에는 실패 경험이 있지만 재기에 성공한 음식가게도 많다. 이들은 실패를 반면교사 삼아 재기에 성공한 것이다.

많은 분들이 장사가 안 된다고 해서 기존 매장을 포기하고 새로운 매장을 열려 하는데, 만약 주위에 장사가 잘되는 음식점이 있다면 상권이 아니라 자신의 능력을 의심해야 한다. 기존 매장에서도 잘만 하면 기사회생할 수 있다. 가령 일식집으로 실패했던 사람이 똑같은 매장에서 호프집으로 성공하는 경우도 있다. 간판 하나, 메뉴 하나 때문에 희비가 엇갈리는 경우도 많다.

전문가들 역시 재창업을 하는 경우에 새로운 일을 하는 것보다는 기존의 일과 연계된 일을 하는 것이 오히려 실패율을 줄일 수 있다고 말한다. 한국창업전략연구소 이경희 소장은 "자신이 운영하던 사업과 전혀 다른 업종으로 변경할 경우 충분한 조리기술과 맛이 뒷받침되지 않는다면 기존에 확보된 단골고객마저 잃게 되는 리스크를 감수해야만 한다. 때문에 가급적이면 비슷한 종류의 업종으로 새로운 활로를 찾는 것이 실패율을 줄일 수 있는 방법이며 투자비 또한 최대한 낮출 수 있다"고 말한다.

내가 살았던 서울의 한 동네는 강남이나 홍대처럼 상권이 발달한 지역이 아닌 평범한 주택가였는데, 이 주택가 인근에는 음식점들이 늘어서 있었다. 어느 날, 유명 프랜차이즈 빵집이 새로 오픈했다. 이 빵집은 개업 초기에는 성황을 이루었지만 얼마 안 가 파리만 날렸다. 이 빵집의 주인은 다른 지역에서 편의점을 하다가 큰 손해를 보았고 새로운 곳에서 새로운 업종으로 승부하려 했는데, 또다시 실패하자 더 큰 실의에 빠졌다.

이 빵집의 한 블록 옆에는 내가 종종 찾는 호프집이 있는데, 어느 날부터인가 점점 매출이 줄기 시작했다. 하지만 이 호프집의 사장님은 항상 친절을 잃지 않았다. 그럼에도 불구하고 단골 외에는 찾는 손님이 많지 않아서 매출은 점점 줄어들었다.

어느 날, 호프집의 사장님은 기존에 영업하던 곳에서 상호와 약간의 인테리어, 메뉴 등만 바꾸고 재기에 성공했다. 나는 그 호프집 앞을 지나가면서 새로 바뀐 간판을 바라보며 처음에는 사장님이 바뀐 것이 아닌가 싶어 걱정했는데, 사장님이 그대로라서 다행이라고 생각했다. 이후에도 반가운 마음에 종종 새로 바뀐 호프집을 찾았다. 그리고 갈수록 손님이 늘어나는 변화를 목격했다. 기존 가게의 단골들을 확보한 채 더 많은 고객을 유치하는 데 성공한 사장님은 많은 비용을 들이지 않고도 재기에 성공한 것이다.

같은 가게더라도 인테리어와 주메뉴만 바꾸어도 매출이 확

달라질 수 있다. 지금 당장 가게정리를 해서 낯선 지역에서 새로 영업을 시작해 생면부지의 고객을 사로잡는 것보다는 인테리어나 메뉴만 바꾸고 기존 단골고객을 확보하면서 매출을 늘리는 것이 바람직할 수도 있다. 그러니 장사가 안 되더라도 기존 단골고객 또는 거래처와 좋은 관계를 유지할 필요가 있다.

이처럼 직장인이든 사업자이든 현재의 동료 또는 고객과 훗날에도 관계가 이어질 수 있으니, 좋은 관계를 유지하는 것이 바람직하다. 덧붙이자면, 앞에서 예로 들은 호프집의 사장님은 재창업을 하면서 단골손님들의 도움을 받기도 했다. 단골손님 중에 은행 지점장이 있어서 대출을 받는 데 도움을 받았고, 인테리어업체 사장님도 있어서 공사비를 아낄 수도 있었다.

다음으로 크고 작은 사업체를 운영하기 위해서는 절세도 고려해야 하는데, 세무사 사무실의 도움이 필요할 때도 있다. 제조업이든 서비스업이든 대부분의 회사는 사업으로 소득이 발생하면 세금을 내야 한다. 하지만 세금 신고를 처음 하는 경우에는 도대체 어떻게 해야 할지 난감하기만 할 것이다. 물론 업종에 따라 차이가 있기는 하지만 일부 업종은 연매출이 7,500만 원 이하인 경우에는 간단한 장부만 작성해도 되는 간편장부대상자에 해당하기 때문에 스스로 세금 신고를 할 수도 있지만 연매출 7,500만 원 이상인 경우에는 복식부기의무자에 해당되어 재무제표를 작성해야 한다. 일례로 음식점을 운영하는 경우에 연매출 7,500만 원 이상이면 1년에 2회 부가가치세를 신고해야 하고, 매년 5월에 종합소득세를 신고하면서 재무제표를 작성해 제출해야 한다. 만약 직원이 있다면 다음 달 10일까지 원천세도 신고해야 한다.

연매출이 7,500만 원 이상인 음식점이나 학원 등의 사업자들은 세무사 사무실에 매월 일정 비용을 주고 세금 관련 업무를 맡기고 있다. 만약 세무사 사무실을 이용하고자 한다면 지인을 통해 소개받는 것이 바람직할 것이다. 만약 그렇지 못하는 경우에는 자신의 사업장이 속한 관할 세무서 주위를 살펴보면 될 것이다. 최소한 몇 개의 세무사 사무실이 있을 것이다. 세무사 사무실 몇 곳에 방문해 "창업을 준비하고 있는데 세금 관련 업무를 맡기려 알아보고 있다"고 말하면 친절하게 상담해 준다. 참고로 매월 비용(기장료)은 세무사 사무실마다 다를 수 있으니, 적절한 협의가 필요하다.

마지막으로 사업자라면 세무사 사무실뿐만 아니라 은행도 이용해야 한다. 요즘에는 인터넷 뱅킹 덕분에 은행에 갈 일이 많이 줄어들었지만 사업자라면 종종 은행에 갈 일이 생기곤 한다. 대부분의 사업자들은 사업자등록증을 발급받으면 회사 이름으로 통장을 개설해야 하는데, 통장을 개설하기 위해서는 은행에

가야 한다. 또 외국과 거래하는 경우에 환전 및 송금 때문에 은행을 찾아야 하는데, 은행 직원들과 친분을 쌓으면 우대환율을 적용받을 수도 있다. 또 사업자대출을 받을 경우에도 은행 직원과 미리 친분을 쌓으면 우대금리로 대출받을 수도 있다.

대출 이야기가 나와서 말인데, 나는 대출을 받지 않고 창업을 하는 것을 권한다. 무리하게 대출을 받는 것보다 자기 자본을 갖고 창업하는 것이 안정적이기 때문이다. 하지만 어쩔 수 없이 대출을 받아야 한다면 시중은행의 금리보다 좋은 조건으로 대출받는 것이 유리하다.

현재 창업을 준비하는 사람이거나 개업한 지 7년 이내의 창업자라면 시중은행보다 유리한 조건으로 대출받을 수 있다. 은행에 따라서 약간의 차이가 있겠지만, 기업은행 등 1금융권 은행에서는 신용보증기금, 기술보증기금, 지역보증재단 등에서 특례 보증서를 발급받은 기업에게 대출을 지원해 주는 사업을 많이 하고 있다.

일례로 기업은행에서는 창업자들의 대출을 지원해 주는 'only-one 동반자 대출' 금융상품을 운영하고 있다. 그와 관련된 주요 내용을 소개하겠다.

시중은행에서 대출을 받으면 대개 기준금리보다 높은 금리를 적용받는다. 반면에 기업은행의 'only-one 동반자 대출'의

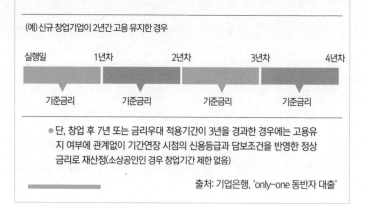

대출금리 : 신용등급에 관계없이 일률적으로 대출 실행시점
기준금리 적용(2018년 4월 3일 기준 KORIBOR 1년물 2.04%)

● 최초 1년간 실행 시점의 기준금리(KORIBOR 1년물, 고정금리)를 적용하고,
  1년 후 고용 유지 여부에 따라 대출금리 조정

-고용 유지 또는 증가 →기간연장 시점의 기준금리 적용
-고용 감소 →기간연장 시점의 정상금리로 재산정

(예) 신규 창업기업이 2년간 고용 유지한 경우

실행일	1년차	2년차	3년차	4년차
기준금리	기준금리	기준금리	기준금리	

● 단, 창업 후 7년 또는 금리우대 적용기간이 3년을 경과한 경우에는 고용유
  지 여부에 관계없이 기간연장 시점의 신용등급과 담보조건을 반영한 정상
  금리로 재산정(소상공인인 경우 창업기간 제한 없음)

출처: 기업은행, 'only-one 동반자 대출'

대출금리는 대출 실행시점에 기준금리를 적용받는데, 1년 후 고용 유지 여부에 따라 대출금리가 조정된다. 고용이 유지 또는 증가하면 기준금리를 적용받을 수 있지만 고용이 감소하면 기준금리 적용 혜택을 못 받는다. 참고로 이 금융상품은 창업 후 7년 이내에 신청할 수 있다.

상품 주요내용

● 대출대상: 신용등급 B 이상이고 보증기관의 특례보증서 발급기업

구분	신용보증기금	기술보증기금	지역보증재단
기관별 지원대상	창업 7년 이내 고용창출 우수기업 등	창업 7년 이내 맞춤형 창업 기업 중 다음 하나에 해당하 는 기업 ①지식문화창업기업 ②이공계챌린저 창업 ③기술경력/뿌리창업기업 ④첨단/성장 연계창업기업	소상공인 단, 보증재단의 보 증 제한 업종 제외

주) 상세내용은 가까운 영업점 및 보증기관에 문의주시기 바랍니다.

● 대출과목: 중소기업자금대출(수시로 제외)
● 자금용도: 운전자금

출처: 기업은행, 'only-one 동반자 대출'

이 금융상품을 이용하기 위해서는 우선 신용보증기금과 기술보증기금, 지역보증재단 등에서 발급한 특례 보증서를 받아야 한다. 네이버 등으로 검색하면 사업장이 속한 신용보증기금과 기술보증기금, 지역보증재단의 각 지부를 알아낼 수 있는데, 해당 지부에 직접 방문에 상담을 받고 필요한 서류를 제출해 특례 보증서를 받아야 한다. 특례 보증서를 발급받은 다음에 기업은행에 방문하면 기준금리로 대출을 받을 수 있다. 참고로

● 대출한도

구분	신용보증기금	기술보증기금	지역보증재단
대출한도	최대 5억 원 이내		최대 5천만 원 이내

주) 대출한도는 고객별 신용등급, 업종, 연간매출액 등 은행의 내부심사기준 및 보증기관 보증서발급금액에 따라 책정

● 수수료 및 부대비용: 인지세, 중도상환해약금 등
*인지세: 인지세법에 의해 대출약정 체결시 납부하는 세금으로 대출금액에 따라 차등 적용되며, 총 인지세의 1/2은 고객이 부담(대출금액 5천만 원 이하, 중소기업창업 지원법에서 정한 창업기업은 면세)
**중도상환해약금 면제

● 대출 및 제출서류 문의: 상기내용은 요약본으로 자세한 사항은 가까운 IBK 기업은행 영업점으로 문의하시기 바랍니다.

출처: 기업은행, 'only-one 동반자 대출'

이 금융상품은 제조업 위주의 프로그램이기 때문에, 일부 도소매업종은 이용하지 못할 수도 있다.

대출한도 역시 사업체의 연간매출액 등에 따라 차이가 있으니, 각 기금의 지부 또는 기업은행 지점에서 충분한 설명을 듣는 것이 바람직하다. 이밖에도 중소벤처기업부와 여러 지자체에서 창업을 지원하는 프로그램들을 마련하고 있는데, 그에 대해서는 뒤에서 자세히 다룰 것이다.

3

창업자금이 부족하면 어떻게 마련해야 할까?

사업자등록증을 발급받자마자 매출이 발생해 돈이 들어오면 얼마나 좋을까? 하지만 창업을 준비하기 위해서는 알게 모르게 돈이 들 수밖에 없다. 제품이든 서비스든 그것을 판매 및 제공해야 매출이 발생하는데, 제품 및 서비스를 제조 또는 개발하기 위해서는 비용이 소모된다. 상대적으로 적은 비용이 드는 푸드트럭 창업을 하기 위해서도 푸드트럭과 식재료와 조리기구 등을 장만해야 하는데, 그러기 위해서는 돈이 들 수밖에 없다.

창업을 준비하는 모든 사람은 돈 때문에 고민을 한다. 창업자라면 사무실부터 기타 소모품에 이르기까지 모든 것을 돈을 들여 준비해야 하기 때문이다. 제아무리 꼼꼼히 준비하더라도 창업을 시작한 많은 사람에게 물어보면, 막상 사업체를 운영하는 과정에서 추가로 많은 돈이 필요하다고 한다. 푸드트럭과 식재료와 조리기구 등을 완벽히 준비했다고 생각했는데, 푸드트럭 유지비도 의외로 많이 들게 된다. 승용차에 비해 세차를 자주 해야 하고, 유류비는 물론 사소한 고장이 나더라도 수리비가 소모된다.

그렇다고 해서 지레 겁먹을 필요는 없다. 모든 것을 완벽하게 준비하고 시작하는 창업자는 없다. 기본적으로 필요한 것들만 완벽히 준비하고 하나하나 대처해 나가면 될 것이다. 그렇다면 창업을 위해 기본적으로 고려해야 할 비용으로는 무엇이 있을까?

창업을 위해서는 가장 기본적으로 사무실 또는 매장 등 사업장이 있어야 할 것이다. 사무실 등 사업장을 마련하는 데에는 가장 많은 자금이 들어갈 수밖에 없다. 사업장을 저렴하게 마련하는 방법에 관해서는 뒤에서 따로 자세히 알아볼 것인데, 사업장 비용은 최대한 줄이는 것이 바람직하다.

다음으로 창업을 위해서는 인건비와 재료비 등도 고려해야 한다. '2016년 창업기업 실태조사'에 따르면 창업 기업은 인건비(27.1%), 재료비(26.7%), 기타 관리비·경비(21.3%), 임차료

(18.5%) 순으로 자금을 사용하고 있다.

단위: 천 원, %

연간 자금 사용 금액	토지 자산	설비 자산	무형 자산	임차료	연구 개발비	인건비	판매비	재료비	기타 관리비· 경비
228,650,6	0.4	2.2	0.3	18.5	0.5	27.1	3.0	26.7	21.3

출처: 중소기업청, '2016년 창업기업 실태조사'

사업에 문외한이라면 '인건비'는 그렇다 치고 재료비와 무형
자산 등의 개념을 이해하기 어려울 수도 있겠다. 제품을 생산
하는 데 사용할 목적으로 외부로부터 매입한 물품을 재료라 하
고, 제품의 제조과정에서 소비된 재료의 가치를 재료비라 한다.
즉 제품을 생산 또는 판매하기 위해 사들이는 물품이 재료이
고, 제품을 만드는 데 소모되는 모든 비용이 재료비이다.

그런데 처음부터 제품을 생산 또는 판매하기 위해 재료(재고)
를 무리하게 안고 가서는 안 된다. 재료를 많이 안고 간다면 그
것을 매입하는 데 많은 비용이 들고, 또 그것을 보관하기 위한
물류비용도 들 수 있다. 어쩔 수 없이 재료를 매입해야 한다면
최소화할 수 있는 방법을 찾아야 한다. 장기간 동안 생산 또는
판매하지 않을 거라면 재료를 무리하게 안고 가지 말아야 한다.

관리비·경비와 임차료 역시 사업체를 운영하는 데 많은 부

담을 안기는 비용이다. 관리비와 임차료 등은 매월 주기적으로 소모된다. 이 역시 최대한 줄일 수 있는 방법을 찾아야 한다. 예를 들어 회사 운영에 필요한 경비를 최대한 줄이기 위해 중고 사이트 등에서 사무용품을 구입하는 것도 좋은 방법이다.

이처럼 창업을 위해서는 기본적으로 소모되는 비용들이 많은데, 이 비용들을 감당하려면 자금이 필요하다. 그렇다면 필요한 자금은 어떻게 마련해야 할까?

창업을 준비하는 대부분의 사람들은 대개 넉넉한 환경에서 시작하는 경우가 드물다. 아이러니하게도 많은 사람들이 '돈이 없어서 돈을 벌기 위해' 창업에 뛰어든다. 직장생활로는 하루하루 먹고살기가 힘들어서 '열심히 하면 직장생활보다 낫겠지' 싶어서, 취업이 도무지 힘들어서 '뭐든 해야 하니 창업해 봐야지'라고 생각해 창업을 꿈꾼다. 하지만 직장생활을 하면서 목돈을 마련하는 것은 로또 당첨만큼 힘들고, 취업준비생에게 목돈이 있을 리도 만무하다. 금수저라면 돈 걱정 없이 창업에 뛰어들 수 있겠지만 푸드트럭 창업을 위해서도 수천만 원의 비용이 드니, 창업 자금이라는 벽에 부딪힐 수밖에 없다. 더구나 프랜차이즈 창업을 하는 경우에는 처음부터 수억 원이 필요하므로, 돈이 없으면 쉽사리 뛰어들기 힘들다. 어쩔 수 없이 많은 사람들이 창업을 시작하기 전부터 빚쟁이로 전락한다.

	구성비(%) 계	5백만 원 미만(%)	5백만 원~ 2천만 원 미만(%)	2천만 원~ 5천만 원 미만(%)	5천만 원~ 1억 원 미만(%)	1억 원~ 3억 원 미만(%)	3억 원 이상(%)
자영업자	100.0	28.3	22.0	21.1	16.6	10.9	1.2

출처: 통계청, 신규 자영업자 사업자금 규모(2017년 8월 기준)

통계청이 발표한 '신규 자영업자 사업자금 규모(2017년 8월 기준)'에 따르면 창업 자금으로 5백만 원 미만을 준비하는 사람이 28.3%로 가장 많고, 그 다음으로 5백만 원~2천만 원을 준비하는 사람이 22.0%로 많다. 창업 자금으로 2천만 원 미만을 준비하는 사람이 50.3%로 절반 이상이나 된다. 반면에 1억 원 이상의 창업 자금을 준비하는 사람은 12.1%에 불과하다. 이 통계자료만 고려하더라도 창업 자금을 넉넉히 보유한 사람이 많지 않다는 것을 알 수 있다.

그럼에도 불구하고 지금 이 순간에도 많은 사람들이 창업을 꿈꾸고 있다. 창업을 꿈꾸지만 돈이 부족한 사람들은 대출을 생각하는데, 다행히 시중은행들은 창업자를 위해 저금리로 대출해 주는 금융상품을 출시하고 있다. 개인 신용에 큰 문제가 없다면 수백만 원에서 수천만 원의 대출은 당장이라도 가능할 것이다. 앞에서도 소개했듯이 신용보증기금과 기술보증기금,

지역보증재단에서 특례 보증서를 발급받으면 시중은행에서 수천만 원가량을 3% 내외의 저금리로 대출받을 수 있다.

예를 들어 신용보증기금(www.kodit.co.kr) 홈페이지에 접속해서 좌측상단의 '영업점'을 클릭하고 자신의 사업장 소재지와 가까운 영업점을 검색하면 신용보증기금 영업점을 찾을 수 있다.

또 전국은행연합회(www.kfb.or.kr) 홈페이지에서는 시중은행들의 금리를 알려주고 있는데, 신용보증기금에서 특례 보증서를 발급받으면 시중은행의 일반 신용대출보다 낮은 금리로 대출받을 수 있다.

사업가들 중에는 "대출을 잘 받는 것도 능력"이라고 말하는 이들이 종종 있다. 주위를 둘러보면 '창업만 하면 큰돈을 벌 것인데, 대출이자가 대수겠는가'라고 생각하는 이들도 상당히 많다. 하지만 처음부터 대출에 의존했다간 나중에 큰 부담을 안길 수도 있다. 대출을 받으면 반드시 대출이자와 원금을 갚아야 하기 때문에, 비용 부담이 생길 수밖에 없다. 어쩔 수 없이 대출을 받아야 한다면 대출이자와 원금을 상환할 수 있는지부터 헤아려야 한다. 창업 이후에 매출이 얼마나 발생할지 고려한 뒤 대출이자와 원금을 감당할 수 있는지를 살펴야 한다.

간혹 자신의 명의로 최대한 대출을 받더라도 창업 자금이 부족한 사람들은 가족 또는 지인에게 돈을 빌리거나 그들의 명의

출처: 신용보증기금 홈페이지

은행	구분	신용등급별 금리						참고사항
		1~2등급	3~4등급	5~6등급	7~8등급	9~10등급	평균금리	
BNK경남은행	대출금리	3.38	4.18	5.14	7.83	9.12	5.13	
BNK부산은행	대출금리	3.48	3.66	4.33	6.59	7.20	4.63	
DGB대구은행	대출금리	3.80	5.10	6.40	8.33	10.14	5.35	
IBK기업은행	대출금리	3.90	4.93	6.50	8.73	9.50	4.26	
KB국민은행	대출금리	3.46	4.77	6.64	9.88	10.38	4.10	
KDB산업은행	대출금리	4.23	5.08	6.05	9.87	–	5.13	내용보기
KEB하나은행	대출금리	3.61	4.58	7.49	10.49	–	4.94	
NH농협은행	대출금리	3.50	4.17	5.56	7.05	8.39	3.93	
SH수협은행	대출금리	3.75	4.81	6.26	10.49	–	4.54	
광주은행	대출금리	5.14	6.29	7.34	9.50	8.50	6.14	
스탠다드차타드은행	대출금리	3.44	3.66	4.80	9.02	10.50	3.99	
신한은행	대출금리	4.23	4.31	4.96	6.05	7.58	4.37	
우리은행	대출금리	3.26	4.58	6.09	8.27	10.88	3.84	
전북은행	대출금리	4.32	4.99	7.13	8.85	9.58	6.53	내용보기
제주은행	대출금리	3.62	4.26	6.22	9.81	10.24	5.82	
케이뱅크은행	대출금리	4.05	5.59	6.55	8.81	11.95	5.63	내용보기
한국씨티은행	대출금리	4.70	6.53	9.48	11.31	–	6.77	
한국카카오은행	대출금리	3.65	4.36	5.79	–	–	3.98	

출처: 전국은행연합회 홈페이지, 2018년 8월 기준 시중은행 금리

열 번이나 실패했던 나 사장은 어떻게 창업에 성공했을까?

로 추가 대출을 받는데, 사업이 잘되면 문제되지 않겠지만 사업에 실패하면 자신뿐만 아니라 주위 사람들까지 가슴 아프게 할 수 있다. 결국 돈보다 중요한 사람도 잃고 말 것이다.

대출을 받아야 한다면 스스로 감당할 수 있는 한도에서 대출을 받는 것이 어떨까? 누군가에게 돈을 빌리든 대출을 받든 결국에는 갚아야 한다. 그러니 스스로 빌린 돈을 갚을 수 있는 여력이 있는지 고민 또 고민해 보자.

많은 사람들이 창업을 하면 지금보다 사정이 나아질 것이라고 생각하는데, 그 반대로 생각하는 것이 바람직할 수 있다. 창업을 하면 전세에서 내 집 마련으로, 점점 더 넓은 평수의 주택을 소유할 것이라고 기대하는 대신에 지금 살고 있는 집보다 저렴한 집으로 이사부터 가겠다는 각오가 필요하다.

내 경우에는 창업 자금을 마련하기 위해 저렴한 집으로 이사했다. 나는 몇 번의 사업 실패로 자금이 넉넉하지 못한 상황에서 또 다른 창업을 준비했는데, 창업 자금을 마련하기 위한 1순위로 전세자금을 생각했다. 내가 여러 번의 창업으로 얻은 교훈은 "빌린 돈은 결국에는 갚아야 한다"는 것이다. 직장생활을 오래 하지 않아서 퇴직금도 많지 않고 모아놓은 돈도 없어서 나중에 성공할 거라고 기대하며 대출을 받은 적이 있었는데, 결국에는 부담으로 돌아왔다. 이러한 경험을 몸소 겪은 나는 또 다른 창업을 위해 이사 준비를 했다. 살고 있는 집보다 전세가가 낮은 곳으로 이사했다. 그리고 그 차액으로 창업 자금을 마련했다.

만약 회사를 오래 다니면서 창업을 준비하는 분이라면 퇴직금으로 자금을 마련해도 좋을 듯하다. 퇴직금을 한꺼번에 사용하기보다는 일부는 창업 자금으로, 일부는 사업이 어느 정도 안정될 때까지 생활비로 사용하는 것도 좋은 방법이다.

그렇다면 퇴직금도 많지 않고, 갖고 있는 자산도 많지 않다면 어떻게 해야 할까? 다행히 정부에서는 창업자를 위해 다양한 정책자금을 지원하고 있다. 일례로 중소벤처기업부에서는 중소기업과 창업자를 위해 기업마당(www.bizinfo.go.kr) 홈페이지를 운영하고 있다. 기업마당 홈페이지를 검색하면 다양한 창업 지원사업을 열람할 수 있다. 기업마당 홈페이지에 방문해 상단의 '금융'을 클릭하면 원하는 분야, 지역, 업종, 기업 형태 등 다양한 조건으로 제공하는 창업 자금 지원사업을 조회할 수 있다.

이외에도 창업진흥원에서는 K-스타트업 홈페이지(www.k-startup.go.kr)를 운영하고 있다. 창업 교육 및 컨설팅을 비롯해 사무실, 정책자금 등을 제공하고, 예비창업자와 재창업자 등을 위해 다양한 지원사업도 하고 있다. 창업진흥원의 지원사업

지원사업 조회 ❓

많은 지원사업 정보 중에서 나의 조건에 맞는 사업정보를 검색 할 수 있습니다.

  사회적기업 지원사업 안내

키워드		🔖 조건저장 🔄 설정불러오기

지원분야	전체 **금융** 기술 인력 수출 내수 창업 경영 제도 동반성장
지역	**전체** 서울 부산 대구 인천 광주 대전 울산 세종 경기 강원 충북 충남 전북 전남 경북 경남 제주
소관부처	전체 **중소벤처기업부** 고용노동부 교육부 통일부 국방부 보건복지부 금융위원회 국세청 법무부 산업통상자원부 소방청 문화재청 ⊞더보기
업종	전체 농업, 임업 및 어업 (01 ~ 03) 광업 (05 ~ 08) **제조업 (10 ~ 33)** 전기, 가스, 증기 및 수도사업 (35 ~ 36) ⊞더보기
기업형태	전체 중소기업 중견기업 소상공인 전통시장 **1인기업 창업기업** 예비창업자 초기화
확인기업	전체 **벤처기업** 기술혁신형중소기업(INNO-BIZ) 경영혁신형중소기업(MAIN-BIZ) 수출유망중소기업 사회적기업 여성기업 장애인기업 연구소보유 검색

진행중 사업이 총 8건 검색 되었습니다. 중복부처 / 지자체 | 정부자금비교 이전지원사업 종료된사업 신청일순 마감일순 **등록일순** ∨ 조회순

번호	지원사업명	신청기간	소관부처	등록열	조회
8	소상공인시장진흥공단 성공불융자 자금 접수 공고	상시 접수	중소벤처기업부	2018.08.29	1,162
7	엔젤투자매칭펀드 사업 안내 ON-LINE	상시 접수	중소벤처기업부	2018.08.28	1,526
6	2018년 포스트팁스(Post-TIPS) 창업기업 지원계획 추가 공고 ON-LINE	2018-08-22 ~ 2018-10-02	중소벤처기업부	2018.08.22	1,244
5	2018년 프리팁스(Pre-TIPS) 창업기업 지원계획 추가 공고 ON-LINE	2018-08-22 ~ 2018-09-30	중소벤처기업부	2018.08.22	11,834
4	신용보증기금 창업성장 매출채권보험 프로그램 안내	예산 소진시까지	중소벤처기업부	2018.08.07	1,982
3	소상공인시장진흥공단 생활혁신형 창업사업화 (예비)창업자 지원 공고 ON-LINE	예산 소진시까지	중소벤처기업부	2018.06.08	4,945
2	2018년 팁스(TIPS) 프로그램(민간투자주도형 기술창업지원) 창업팀 지원(예... ON-LINE	상시 접수	중소벤처기업부	2018.04.27	5,479
1	2018년 창업성장기술개발사업 크라우드펀딩 연계형 기술창업지원과제 시행... ON-LINE	예산 소진시까지	중소벤처기업부	2018.02.05	15,525

선택하고자 하는 해당 조건을 클릭하면 빨간색 상자로 표시되는데, 2018년 9월 기준으로 해당 조건을 선택해 조회하니 8개의 지원사업이 있음을 알 수 있다.

출처: 기업마당 홈페이지

을 통해 지원금을 조달받는 것도 바람직할 것이다.

이밖에도 서울시를 비롯해 경기도 등 여러 지방자치단체에서도 창업자를 위해 다양한 지원사업을 하고 있는데, 이 지원사업을 활용하는 것도 좋겠다. 일례로 서울시에서는 서울시창업지원센터와 서울신기술창업센터 등을 운영해 창업 지원을 하고 있다.

다음으로 사업에 필요한 자금을 개인투자자에게 조달받는 방식인 엔젤투자를 유치하는 것도 좋은 방법이다. 엔젤투자는 기술력은 있지만 자금이 부족한 예비창업자에게 개인투자자들이 자금을 투자하고 경영자문도 해주면서 해당 기업이 성장하면 투자 이익을 환수하는 방식이다.

현재 진행 중인 엔젤투자로는 어떤 것이 있는지 알고 싶다면 엔젤투자지원센터(www.kban.or.kr) 홈페이지에 방문할 것을 권한다. 엔젤투자지원센터는 2012년부터 한국엔젤투자협회의 부설단체로 운영되고 있다. 2018년 9월 기준 엔젤투자지원센터에서 시행하는 주요사업들은 다음과 같다.

열 번이나 실패했던 나 사장은 어떻게 창업에 성공했을까?

주요사업 안내

● **사업안내** 엔젤투자자간 네트워크 강화와 투자자 전문성 재고, 우수기업 발굴 등 엔젤투자와 관련한 종합 지원 프로그램을 통하여 엔젤투자 활성화에 앞장서겠습니다.

엔젤투자매칭펀드 Angel Investment Maching Fund	창업 초기기업에 일정 요건을 갖춘 엔젤투자자와 매칭의 방법으로 투자합니다. 문의: 엔젤투자지원센터 김호빈 연구원(02-3440-7403), 허지영 연구원(02-3440-7416), 한가영 대리(02-3440-7401)
엔젤클럽 Angel Club	엔젤투자자들이 동호회 형태로 모여 투자정보를 공유하고, 공동으로 투자를 검토 집행하는 모임입니다. 문의: 엔젤투자지원센터 허지영 연구원(02-3440-7416)
개인투자조합 Personal Investment Association	벤처기업 및 창업자에 투자할 목적으로 49인 이하의 개인들이 사모방식으로 모집 및 출자하여 결성하는 조합입니다. 개인투자조합 자금으로 투자된 기업에 엔젤투자매칭펀드를 신청할 수 있습니다. 문의: 중소기업부 오상옥 주무관(042-481-4488)
엔젤투자마트 Angel Investment Mart	엔젤투자마트는 역량 있는 엔젤투자자로부터 투자유치를 희망하는 창업초기기업과 투자자를 연결하는 투자지원 프로그램으로 1:1상담회, IR컨설팅, 투자유치설명회를 개회합니다. 신청기업 중 기업평가를 통해 우수기업 발굴 및 투자설명회를 개최합니다. 문의: 엔젤투자지원센터 정영은 연구원(02-3440-7402), 양보은 대리(02-3440-7405)
전문엔젤투자자 Professional Angel Investor	개인이 투자실적, 경력, 자격요건 등 대통령령으로 정하는 기준에 충족하여 전문엔젤투자자 자격을 부여받은 자입니다. 전문엔젤투자자는 개인투자자로 코넥스 참여가 가능하며, 투자기업은 벤처기업 인증을 받을 수 있습니다. 문의: 엔젤투자지원센터 한가영 대리(02-3440-7401)
엔젤아카데미 Angel Academy	엔젤투자자를 대상으로 엔젤투자에 대한 이해, 투자 전략 및 실무, 투자자 윤리 등을 교육하고, 창업초기 기업을 대상으로 사업계획서 작성요령, 엔젤투자 유치 방법 등에 대한 교육을 제공합니다. 문의: 엔젤투자지원센터 정영은 연구원(02-3440-7402), 양보은 대리(02-3440-7405)

출처: 엔젤투자지원센터, 주요사업안내

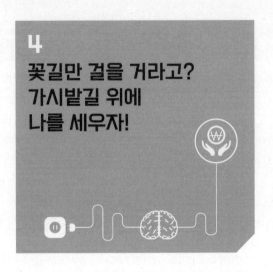

4
꽃길만 걸을 거라고?
가시밭길 위에
나를 세우자!

우리가 흔히 쓰는 말 중에는 '배수진(背水陣)'이 있는데, '물을 등지고 진을 친다는 뜻'으로 '어떤 일에 결사적인 각오로 임한다'는 말이다. 이 말은 『사기(史記)』 「회음후열전(淮陰侯列傳)」에서 유래했다.

한(漢)나라 유방(劉邦)이 제위에 오르기 2년 전인 204년, 명장 한신(韓信)은 유방의 명령에 따라 병사 수만 명을 이끌고 조(趙)나라를 공격하려고 했다. 이 정보를 입수한 조나라는 수적으로 우세한 군사 20만 명을 동원해 한나라가 쳐들어올 길목에 방어선을 구축했다.

뛰는 놈 위에 나는 놈이 있다고 했던가? 이 정보를 입수한 한신은 기병 2천 명을 조나라가 쌓은 성채 바로 뒤편에 매복시켰다. 그러면서 한신은 "우리가 달아나는 것을 보면 조나라 군사는 우리를 추격할 것이다. 이때 조나라 누벽에 들어가 한나라의 붉은 깃발을 꽂아라"고 말했다. 또한 병사 1만 명으로 하여금 강을 등지고 배수진을 치게 했다.

조나라 군사가 성에서 나와 공격하자 한신은 거짓으로 배수진까지 후퇴했다. 기세를 제압했다고 판단한 조나라 군사는 한신을 맹렬히 추격했다. 이때를 노려 한신은 성채 바로 뒤편에 매복시킨 군사에게 조나라의 성채를 점령하게 했고, 나머지 군사는 배수진을 친 곳에서 필사적으로 싸웠다. 결국 싸움에 불리해진 조나라 군사가 성채로 돌아와 보니 이미 한나라 깃발이 꽂혀 있었다.

배수진은 수적으로 우세한 조나라 군사를 상대로 강을 등지고 싸운 한신의 전술에서 유래한 말이다. 이는 막다른 골목에 몰린 것처럼 사생결단의 정신력으로 싸움에 임한다는 것을 의미한다. 이 말은 힘들기가 매한가지인 오늘날에도 가슴 깊이 새겨야 할 말이다. 특히 꽃길 대신 험한 가시밭길을 걸어야 할 창업자라면 더욱더 명심해야 할 말이다.

그런데 창업을 준비하는 사람들은 자신 앞에 가시밭길보다는 꽃길이 펼쳐질 거라고 착각하곤 한다. 현재의 고난을 청산하고, 앞으로는 잘나가는 사장님이 될 거라고 장밋빛 청사진을 그리는 것이다. 이런 심정은 새로운 일을 시작한다는 '열정'으로 인해 더더욱 확산된다.

물론 열정은 창업을 준비하는 분들이라면 당연히 생기는 감정이다. 열정이 넘쳐서 나쁠 건 없다. 하지만 열정만 앞서게 되면 자신이 시작하는 창업을 긍정적으로만 생각하게 되어 판단력이 흐려진다.

나는 이 책을 읽는 여러분 모두가 대박 또는 한 방을 꿈꾸는 대신에 꾸준히 성장하는 창업자가 되길 바란다. 우리는 창업을 시작하면서 배수진을 치고 자신의 한계를 정해야 한다. 창업을 준비하는 여러분은 '잘될 거야'라는 막연한 기대감을 버리고, '내가 생각하는 배수진은 무엇인가?'를 스스로 물어야 할 것이다.

그렇다고 마냥 비관적인 생각에 사로잡힐 필요는 없다. 창업을 시작하면 절망적인 상황만 펼쳐질 테니 무조건 버텨야 한다고 생각할 필요는 없다. 창업 과정에서 때로는 위기도 때로는 기회도 찾아올 수 있는데, 어디까지나 배수진은 위기에 대처하기 위해 필요한 것이다.

그렇다면 우리에게 필요한 배수진은 어떻게 쳐야 할까? 여러

분들은 제조업과 서비스업 등 다양한 업종과 업태로 창업할 것이고 서로 다른 아이템으로 사업을 할 것이다. 사업 아이템에 대해서는 각자 알아서 선택해야 할 것이다. 하지만 배수진을 치기 위한 마음가짐만큼은 모두에게 필요할 것이다. 우리가 걸어야 할 길에는 꽃길뿐만 아니라 가시밭길이 펼쳐 있다는 것을 명심하고, 창업 과정에서 실패 요인으로는 무엇이 있는지 헤아려야 할 것이다.

그럼 이제부터 '내가 생각하는 배수진'을 정리해 보자. 참고로 '내가 생각하는 배수진'은 제5장에서 좀 더 구체화할 것이다. 여기서는 창업을 위해 가장 기본적으로 고려해야 할 것들을 1차적으로 정리해 보자.

내가 생각하는 배수진	답변
한 달에 필요한 금액은 얼마인가?	
내가 납품 혹은 판매하는 아이템의 마진율은 평균 몇 %인가?	
내가 원하는 수익만큼 벌려면 아이템을 한 달에 몇 개 정도 팔아야 할까?	
내가 시작하려는 창업의 최소 필요 자금은 얼마일까?	
내가 창업을 시작하고 버틸 수 있는 자금은 얼마인가?	
한 달 수익이 최소한 얼마여야 하는가?	

최소 한 달 수익으로 버틸 수 있는 기간은 몇 개월일까?	
최소 수익으로 버틸 수 있는 기간이 지난 후 과감히 창업을 접고 다음을 기약할 수 있을까?	
내가 정한 이 기준이 적절한지를 평가해 주는 사람이 있는가?	

그런데 이 표에 있는 마진율이라는 용어가 생소한 분들도 있을 것이다. 사업자라면 마진율과 수익률(사업자의 경우 매출액순이익률)이라는 용어를 자주 접하게 되는데, 마진율과 수익률(매출액순이익률)은 다음과 같다.

수익률(매출액순이익률)=순이익/매출액×100%

마진율=(판매가격−공급가액)/판매가격×100%

사업자라면 마진율을 반드시 고려해야 하는데, 많은 사람들이 의외로 마진율을 정확히 계산하지 못해 손해 보곤 한다. 마진율은 상품을 팔고 남은 수익으로, 각 단계별 마진을 해당 단계별 판매가격에 대한 비율로 나타낸 것이다. 마진율을 정확히 계산하기 위해서는 마진과 마진율이 서로 다른 개념이라는 것을 이해하고, 마진과 마진율 그리고 판매가격을 각각 계산해야한다. 마진과 마진율 등을 계산하는 계산식은 다음과 같다.

열 번이나 실패했던 나 사장은 어떻게 창업에 성공했을까?

1. 마진=판매가격-공급가액

2. 마진율=(판매가격-공급가액)/판매가격×100%

3. 판매가격=공급가액/(1-마진율)

이 계산식을 활용해 마진율을 계산하면, 판매가격이 2,000원이고 공급가액이 1,000원인 노트의 마진율은 아래와 같다.

50%=(2,000-1,000)/2,000×100%

그런데 공급가액 1,000원인 노트를 30%의 마진율로 판매하기 위해 '1,000원×1.3=1,300원'으로 계산해 판매가격을 1,300원으로 정하는 사람이 많은데, 이 경우에 문제가 생긴다. 공급가액 1,000원인 노트로 30%의 마진율을 얻기 위해서는 판매가격이 약 1,428원이 되어야 한다. 참고로 여기서는 부가세 10%를 고려하지는 않았다.

판매가격=공급가액/(1-마진율)

1,428원=1,000/(1-0.3)

그리고 마진율을 계산해 보면 왜 공급가액 1,000원인 노트로

30%의 마진율을 얻기 위해서는 판매가격이 1,300원이 아니라 1,428원이 되어야 하는지를 쉽게 알 수 있다. '마진율=(판매가격-공급가액)/판매가격×100%'이므로 판매가격을 1,300원으로 할 경우의 마진율은 '(1,300-1,000)/1,300×100%=23%'이다.

이 마진율 계산식으로 다시 판매가격을 1,428원으로 할 경우의 마진율을 계산해 보면 '(1,428-1000)/1,428×100%=30%'이다. 약 30% 정도의 마진율이 나오게 되는 것이다.

간단하지만 무심코 지나쳤던 계산식이다. 공급가액 1,000원인 노트로 30%의 마진율을 얻기 위해서는 판매가격을 1,300원이 아니라 1,428원으로 해야 한다. 판매가격을 1,428원과 1,300원으로 할 경우의 마진 차이만 계산하면 '428원-300원'이니 128원의 차이가 난다.

이처럼 마진율과 판매가격을 정하는 것 하나도 신중해야 한다. 이렇게 신중을 기해야 자금계획을 명확히 세우고, 탄탄한 배수진을 칠 수 있다. 누누이 강조하지만 우리가 사업체를 영위하기 위해서는 이윤을 창출해야 한다. 이윤을 창출하기 위해서는 자금계획에 특별히 신경 써야 하므로 마진율을 계산하는 것부터 잘해야 한다.

5

**사업자등록 전에도
절세할 수 있다**

창업을 앞두고 한껏 부푼 기대감에 많은 돈을 지출하는데, 막상 사업을 시작하고 나서도 이런저런 지출도 해야 하고 세금도 내야 한다. 버는 것에 비해 생각보다 세금을 많이 낸다고 느끼면, 그제야 절세의 필요성을 깨닫는다.

매출이 발생하게 되면 세금을 내야 하는데, 국세청에서는 사업에 필요한 물품을 구입하는 데 드는 비용도 소득공제(과세의 대상이 되는 소득 중에서 일정 금액을 공제하는 것)해 준다. 물품은 사업체가 사용하는 유형자산 중 건물, 토지, 구축물, 선박, 기계장치, 건설 중인 자산을 제외한 제반 물품을 말한다. 예를 들면 사무용품이나 전산기기 소모품, 인쇄물, 용지, 문구용품 같은 소모품도 공제 대상인 물품에 포함된다.

국세청에서는 『2018년 세금절약 가이드』를 발간했는데, 이 책자에 좋은 글이 있으니 소개하겠다.

김공제 씨는 대학 졸업 후 2년 동안 취업을 위해 백방으로 뛰어다녀 보았으나, 아무리 해도 취직이 안 되자 부모의 도움을 받아 카페를 운영해 보기로 했다.

대학가 인근에 점포를 얻은 다음 개업 준비를 하면서 김공제 씨는 2015년도에 실내 장식비로 3,000만 원, 비품 구입비로 2,000만 원을 지출하였으나, 당시에는 사업자등록을 하지 않았으므로 세금계산서를 받아두지 않았다.

다행히 사업은 잘되었는데, 얼마 후 부가가치세를 신고하려고 세금을 계산해 보니 3개월치 부가세가 무려 400만 원이나 되었다.

김공제 씨는 세금이 너무 많은 것 같아 세무서 납세자보호담당관을 찾아가 상담을 해보았더니 납세자보호담당관은 개업 준비를 위해 지출한 비용도 매입세액을 공제받을 수 있지만 세금계산서를 받아두지 아니하여 공제를 받을 수 없다고 한다.

김공제 씨의 경우 매입세액을 공제받을 수 있는 방법은 없나?

사업자등록을 안 한 상태에서 사업장을 인테리어 공사하거나 비품 등을 구입할 경우에는 사업자등록번호가 명시된 세금계산서를 받을 수는 없다. 하지만 사업자등록번호 대신 주민등록번호를 작성해 세금계산서를 교부받으면 매입세액을 공제받을 수 있다.

김공제 씨가 비품 등을 구입한 시점에서 주민등록번호를 작성하고 세금계산서를 발급받았다면 4,545,455원의 매입세액을 공제받아 오히려 545,455원을 환급받았을 것이며, 간이과세자 (개인사업자 중 연간 매출액이 4,800만 원이 안 되는 사업자)에 해당되더라도 4,545,455원의 10%인 454,545원의 세액을 공제받았을 것이다.

| 김공제 씨가 세금계산서를 받았다면?

김공제 씨는 실내 장식비로 3,000만 원, 비품 구입비로 2,000만 원을 지출했으니, '3,000만 원+2,000만 원=5,000만 원'이므로 총 5,000만 원을 합계금액(부가세 포함)으로 지출했다. 공급가액(부가세 제외)의 계산식은 '합계금액÷1.1=공급가액'이므로 '50,000,000원÷1.1=45,454,545.45…원이다. 합계금액에서 공급가액을 빼면 부가세가 되므로 '50,000,000원-45,454,545원 =4,545,455원'이다.

김공제 씨의 3개월치 부가세는 400만 원이 나왔다고 하는데, 만약 세금계산서를 받았다면 이 400만 원에서 부가세 4,545,455원을 빼면 '4,000,000원 - 4,545,455원 = -545,455원'이니 오히려 545,455원을 환급받을 수 있는 것이다.

간이과세자의 경우 부가세가 454,545원이 되는 이유?

간이과세자는 개인사업자 중 연간 매출액이 4,800만 원(부가세 포함)이 안 되는 사업자로 지방이나 수도권 변두리 지역에서 영업을 하는 소매점, 음식점, 미용업 등이 해당되며, 부동산 매매업, 부동산임대업, 감정평가사 등 국세청장이 정한 간이과세 배제 기준에 해당되는 사업자는 해당되지 않는다. 간이과세자에게는 0.5~3%의 낮은 세율이 적용되지만, 매입세액의 5~30%만 공제받을 수 있고 세금계산서를 발행할 수 없다.

소매업 간이과세자의 경우 매입세액의 10%를 공제받을 수 있으므로 4,545,455원의 10%를 공제받으면, 454,545원을 공제받을 수 있다.

참고로 절세에 대해서는 뒤에서 자세히 다룰 것인데, 김공제 씨처럼 사업자등록을 하기 전에 공사대금을 지급하거나 비품 등을 구입하는 경우에는 사업자의 주민등록번호를 작성해 세금계산서를 받아야 한다. 그런데 이 경우에 명심할 것이 있다. 공급시기가 속하는 과세기간(과세표준을 계산하게 되는 시간적 단위. 부가가치세법에서는 1월 1일부터 6월 30일까지를 제1기 과세기간으로, 7월 1일부터 12월 31일까지를 제2기 과세기간으로 규정하고 있다.) 이 20일 이상 지나서 사업자등록증을 신청한 경우에는 매입세액을 공제받지 못하므로 사업장을 확보하자마자 사업자등록을 해야 한다.

마지막으로 사업자등록증이 없어서 주민등록번호로 세금계산서를 발급받을 경우에는 다음과 같이 해야 한다. 국세청 홈택스(www.hometax.go.kr)에 접속하면 좌측상단에 '조회/발급'이 있는데 그것을 클릭한다. 그러면 '전자(세금)계산서' 항목 아래에 '발급'이 있는데, 그것을 클릭하면 다음 페이지의 이미지처럼 세금계산서 작성화면으로 넘어간다.

세금계산서 작성화면 상단의 '공급받는 자 구분' 항목에는 사업자등록번호가 기본으로 설정되어 있는데, '사업자등록번호' 옆에 있는 '주민등록번호'를 클릭하면 된다. 그러면 주민등록번호로 공급받는 자를 입력해 세금계산서를 발급받을 수 있다.

전자세금계산서 일반(사업자)

사업자등록번호가 기본으로 설정되어 있다.

세금계산서 | 계산서(면세)

이메일을 입력하면 해당 메일주소로 전자(세금)계산서가 발송됨
여러 건의 전자(세금)계산서 발급 시 발급보류(임시저장) 후 '발급보류 목록조회'에서 일괄발급할 수 있습니다. 발급보류 목록조회 바로가기   발급목록 조회

* 종류   ◉ 일반 ○ 영세율 ○ 위수탁 ○ 위수탁영세율 선택   * 공급받는자구분 ◉ 사업자등록번호 ○ 주민등록번호 ○ 외국인 선택

사업장 전환   거래처 관리   거래처 조회

공급자	* 등록번호	7	종사업장번호		공급받는자	* 등록번호		확인	종사업장번호	
	* 상호	'	* 성명	나승호		* 상호			* 성명	
	사업장			주소변경		사업장				주소변경
	업태	도매 및 ?	업태변경	종목		업태		업태변경	종목	
	이메일		@	직접입력 ✓ 조회		이메일		@	직접입력 ✓ 조회	

* 공급받는자구분   ○ 사업자등록번호 ◉ 주민등록번호 ○ 외국인 선택

공급받는자	* 주민등록번호		-		확인	
	* 성명					
	사업장					주소변경
	이메일		@		직접입력 ✓	조회
	이메일		@		직접입력 ✓	조회

열 번이나 실패했던 나 사장은 어떻게 창업에 성공했을까?

제 **3** 장

창업은 속도보다
방향이
중요하다

1
주아이템만으로 부족하다면 부아이템도 선정하자

제2장에서는 주아이템에 대해 살펴보았는데, 주아이템은 '남들이 잘된다는 것'보다는 '자신이 가장 잘하는 일'과 관련된 것으로 하라고 조언했다. 남들이 말하는 대박 아이템을 따라했다가 망하는 경우가 많은데, 자신이 가장 잘하는 일과 관련된 창업을 하는 것이 유리할 것이다.

그런데 자신이 가장 잘하는 일을 하는데도 종종 실패하는 경우가 있다. 왜 그런 것일까? 이 일만큼은 자신이 다른 사람보다 잘한다고 자만심에 빠지면 자신에 대해 객관적으로 판단할 수 없게 된다. 자만심에 빠지는 순간 자신에 대한 점수를 후하게 주는데, 이는 실패라는 꼬리표를 달게 한다. 그러니 주위 사람들의 객관적인 조언에도 귀 기울여야 할 것이다.

이처럼 자신에 대해 객관적으로 평가한 뒤 다른 사람보다 잘하는 일이 있다고 판단된다면, 이 일과 관련된 것을 주아이템으로 선정해 승부한다면 첫 출발은 유리해질 것이다.

그럼에도 불구하고 주아이템만으로 승부하기에 역부족일 때가 있다. 주아이템으로 승부하는 상품의 매출이 높으면 문제되지 않겠지만 갈수록 매출이 줄어들면 창업자 입장에서는 난감할 것이다. 경영난 앞에서는 장사가 없다. 경영난이 심화되면 폐업이 기다리고 있을 뿐이다.

그런 점에서 볼 때 주아이템 못지않게 부아이템도 필요하다. 때로는 부아이템이 주아이템보다 높은 매출을 올리는 경우도 있다. 그러므로 창업자라면 주아이템뿐만 아니라 부아이템도 고려할 필요가 있다. 그리고 주아이템과 부아이템의 매출도 예상해 봐야 한다.

창업을 꿈꾼다면 무엇으로 얼마큼 매출을 올릴 수 있는지 구체적으로 예상해야 한다. 막연한 기대와 상상만으로 사업을 시작한다면 뜬구름 잡기에 불과하다.

이쯤에서 여러분 중에는 '이 책이 매출과 이윤만을 강조하는 게 아닌가' 싶어 반감을 갖는 분들도 있을지 모르겠다. '나는 수익만을 위해 사업을 하는 것이 아니다', '나는 돈이 아니라 꿈을 이루기 위해 사업을 하는 것이다'라고 생각하는 분들이라면 특히 그럴 것이다. 실제로 내 주위에도 그렇게 생각하고 창업하는 분들이 꽤 많았다.

하지만 우리가 키워나가야 할 사업체는 자신의 이익을 추구하지 않고 공익을 목적으로 하는 비영리단체는 아니다. 시간이 갈수록 이윤보다 손실이 발생한다면 폐업자 중 한 사람이 될 수밖에. 지속적으로 손실이 발생한다면 사업을 지속할 수 없다. 한 달에 최소한 얼마를 벌어야 할지, 그러려면 주아이템과 부아이템을 얼마나 판매해야 할지부터 생각해야 한다.

'자신이 가장 잘하는 일'과 관련된 주아이템으로 한 달에 얼마나 매출을 올려야 충분한 수입을 얻을 수 있을까?

부아이템은 한 달에 몇 개를 판매할 수 있고, 수익은 얼마나 될까?

창업자라면 이 두 가지 질문을 자신에게 던져야 하는데, 나 역시 이 질문을 토대로 창업에 뛰어들었다.

주아이템	3차원 프로그램 교육	부아이템	용역(3차원 모델링 작업)
평균 교육기간	5일	납품 평균기간	1~15일
수입	20만 원/1일	수입	10~15만 원/1일
1달 예상수입 지속 가능	2~3회	1달 작업 가능	10~20일
1달 예상수입	최소 교육 2회 시 200만 원	1달 예상수입	150만 원

내가 이 두 가지 일로 창업했던 시기는 2005년쯤이었는데, 한 달 목표수입은 최소 350만 원 이상이었다. 물론 여기에는 주유비, 식대 및 기타 고정비용은 제외했다. 참고로 고정비용은 1~3개월가량 사업체를 운영해야 정확한 금액을 계산할 수 있는데, 사업을 시작하기 전이라면 사업자 지인들의 의견을 참조해 대략적인 금액을 예상하는 것이 좋다.

그 당시에 중소기업에 다니는 내 또래의 직장인들은 대개 월급으로 150만 원 내외를 받았다. 나는 한 달에 주아이템으로 최소 200만 원, 부아이템으로 150만 원, 총 350만 원 이상의 수입을 목표로 잡았다. 물론 이 수입은 막연하게 정한 것은 아니었다. 3차원 프로그램 교육과 3차원 모델링 작업은 이제까지 해왔던 일이었기 때문에 어느 정도 자신이 있었다. 그리고 창업을 하면 그 정도는 벌어야 한다고 생각했다.

주아이템인 3차원 프로그램 교육의 대상고객은 1인 기업가 혹은 중소기업의 신입사원, 나이는 많지만 2차원에서 3차원으로 변화하는 작업환경에 대응하려는 관리자들이었다. 주아이템인 3차원 프로그램 교육은 제조업에 필요한 3차원 프로그램과 관련된 일을 하는 분들을 대상으로 했다. 나는 3차원 프로그램 강의를 하면서 수강생 분들을 통해 부아이템인 3차원 모델링 작업을 용역으로 할 수 있었다. 수강생들은 회사에서 급하게 해결해야 하는 3차원 모델링 작업이 있으면, 자연스럽게 나에게 일거리를 주었기 때문이다.

3차원 모델링 작업은 초보자에게는 어려운 작업이지만 전문가인 나에게는 그다지 시간이 많이 걸리는 작업은 아니었다. 그렇게 3차원 모델링 작업을 용역으로 하게 되었는데, 주아이템보다 오히려 부아이템의 매출이 많게 되었다. 교육비에 부담을 느끼는 중소기업들이 많아서 3차원 프로그램 교육사업은 잘되지 않았지만 부아이템인 3차원 모델링 작업으로 수입을 얻을 수 있었다. 그래서 당초 예상과 달리 주아이템과 부아이템이 뒤바뀌게 되었다. 주아이템인 3차원 프로그램 교육사업의 이미지가 상당부분 퇴색되었지만 그래도 당초 목표 수입인 최소 350만 원 이상은 벌었으니 자신감을 잃지 않았다.

하지만 머지않아 난관에 부딪쳤다. 요새는 '갑'과 '을'의 관계가 수평적으로 변하고 있지만 대개 용역을 제공받는 자와 제공하는 자 사이에는 '갑'과 '을'의 관계가 형성된다. 화장실에 들어갈 때와 나올 때의 마음이 다르듯이, 용역을 의뢰할 때와 용역의 결과물을 제공받고 나서의 태도가 다른 갑(거래처)들이 있었다. 나에게 용역을 의뢰할 때에는 "급한 작업이니 잘 부탁한다"고 저자세로 나오던 사람이 막상 용역의 결과물을 넘겨받으면 태도를 바꾸었다. 또 당초 제시한 용역비를 깎으려는 경우도 있었고, 이런저런 핑계를 대며 지불을 늦추려는 거래처도 있었다. 막상 용역 일을 하다 보니 6개월 이상 용역비를 지불해주지 않는 거래처도 생겼고, 일만 만큼 바로 수입이 발생하지 않으니 문제가 생겼다.

결과적으로 3차원 모델링 작업으로 목표한 한 달 최소 150만 원 매출 역시 달성하지 못하게 되었다. 주아이템인 3차원 프로그램 교육의 매출이 줄고, 부아이템의 매출도 줄게 되니 점차 경영난에 시달리게 되었다.

일하는 만큼 벌 수 있다면 좋겠지만 그러지 못하는 경우가 흔하다. 이러한 경험을 하게 된 나는 지금은 이런저런 리스크를 고려해 현실적인 목표 매출을 잡는 편이다. 일한 만큼 수입이 발생하지 못할 때를 고려하기 때문이다.

사업 규모와 업종 및 업태에 따라 매출이 다르겠지만 창업을 꿈꾸는 직장인이라면 초기 목표 매출을 높게 잡지 않는 것이 바람직할 것이다. 자신이 직장에서 받는 월급과 같거나 1.5배 정도만 높게 설정하는 것이 좋다. 창업을 하다보면 예상외로 매출이 발생하지 않거나 생각지도 못한 고정비용으로 난감해지는 경우도 많다. 그래서 목표 매출은 창업 전에도 정하고, 1~3개월 정도 사업체를 경영해 본 뒤에도 재설정하는 것이 필요하다. 당초 목표 매출과 달리 목표액이 줄어들면 의기소침해질 수도 있겠지만 실현 가능한 목표 매출을 설정해야 한다.

오늘날에 나는 대부분의 예비창업자들에게 이렇게 말한다.

"사업 초기부터 큰돈을 벌겠다고 생각해서는 안 됩니다. 사업 초기에는 직장생활을 할 때만큼만 벌어도 성공한 셈입니다."

그러면 대부분이 이렇게 말한다.

"내가 고작 그거 벌려고 사업하는 게 아닙니다!"

"그렇게 생각하면 사업가가 아니죠!"

나 역시 처음 사업을 시작할 당시에는 "사업으로 생각만큼 큰돈을 벌기는 어렵다"는 말을 귀 담아 듣지 않았다. '명색이 사업가인데 최소한 월급보다 두세 배는 벌어야 된다'고 생각했던 것이다. 하지만 이러한 생각은 '자존심의 메아리'에 불과했다. 최소한 한 달에 350만 원은 벌 것이라고 목표치를 높게 잡았지만 현실은 여의치 않았다. 당초 목표치보다 터무니없이 낮은 매출을 기록하자 자신감 역시 크게 줄어들었다. 결국 폐업하고 말았다.

막연한 기대감에 사로잡혀 목표 매출을 높게 잡아서는 절대 안 된다. 한 방을 바라고 책정하는 목표 매출은 자신이 벌고 싶은 희망 금액일 뿐이다. 사람들은 대개 들어올 수입을 고려해 소비도 하고 지출도 하는데, 실제로 수입이 적으면 빚만 쌓여 채무자로 전락할 수도 있다. 따라서 목표 매출은 욕심을 버리고 실현 가능한 금액을 설정해야 한다.

그렇다고 한 달 목표 매출을 너무 오랫동안 적게 잡아서도 안 된다. 모든 사람에게는 소비와 지출의 패턴이 있다. 이제까지 써왔던 돈을 턱없이 줄인다면 나 자신은 물론 가족들까지 고생할 수 있다. 몇 개월 또는 일이 년 정도는 그럭저럭 버틸 수 있을지도 모르지만 허리띠를 졸라매는 삶이 오래도록 지속된다면 누가 버틸 수 있겠는가. 처음엔 목표 매출이 적더라도 갈수록 매출이 향상되어야 사업을 지속할 수 있을 것이다.

자, 다시 본론으로 돌아가자. 내 경우에는 주아이템뿐만 아니라 부아이템으로도 실패했지만 부아이템으로 높은 매출을 올리는 경우도 많다. 주아이템만으로 매출을 올리지 못할 때에 대비해 부아이템을 고려하는 것이 바람직할 수 있다.

부아이템은 한 가지가 아니라 여러 가지가 될 수도 있다. 주아이템과 부아이템를 선정할 때에는 우선 실현 가능한 한 달 예상수입을 정해야 한다. 다음의 표를 활용해 주아이템과 부아이템의 예상수입을 설정해 보자.

주아이템		부아이템	
평균 노동 기간		평균 노동 기간	
수입		수입	
1달 예상수입 지속 가능		1달 예상수입 지속 가능	
1달 예상수입		1달 예상수입	

2

개인기업으로 창업할까?
법인기업으로 창업할까?

'개인기업으로 창업할까? 법인기업으로 창업할까?'

창업을 준비하는 많이 사람들이 이 선택지를 놓고 고민한다. 개인기업은 대외 신인도가 떨어지고, 법인기업보다 절세에 불리하다고 한다. 그렇다고 법인기업으로 창업하자니 설립 비용도 꽤 들고, 법인사업자등록 절차도 까다롭다고 얘기한다.

나는 개인사업자가 좋을지 법인사업자가 좋을지에 대해서는 말하지 않으려 한다. 여러분 각자의 상황에 따라 호불호가 달라질 수 있기 때문이다. 그래서 개인사업자와 법인사업자로 창업할 경우에 반드시 고려해야 점들만 알려드리고 싶다. 일례로 많은 사람들이 처음에는 개인사업자로 시작했다가 규모가 커지면 법인사업자로 전환하는데, 이 경우에 개인기업에서 발생한 비용 등이 법인기업으로 승계되지 않는 단점도 발생한다. 이러한 점을 미처 고려하지 못해 난감해하는 분들이 의외로 많은데, 창업자라면 사업자등록증을 발급받기 전에 개인사업자와 법인사업자의 차이점을 한 번쯤 알아볼 필요가 있다.

다음은 국세청에서 발간한 『2018년 세금절약 가이드』를 참조해 작성한 글이다.

│ 개인기업과 법인기업은 기본적으로 뭐가 다른 걸까?

개인기업은 말 그대로 모든 손실과 이익 등 사업의 성과가 개인사업자에게 귀속된다. 개인이 사업의 주체이며 사업과 관련된 모든 성과는 개인에게 귀속된다. 개인의 명의로 모든 세금이 부과되고 사업과 관련된 모든 채무에 대해서도 개인사업자가 책임을 진다. 경영상 발생되는 모든 문제와 부채 그리고 손실에 대해서도 개인사업자 혼자서 책임을 져야 한다. 만약에 사업에 실패해 부채와 세금 문제 등을 해결하지 못하고 다른 회사에 직원으로 들어가서 월급을 받는다면 월급도 압류를 당할 수 있다.

그렇지만 개인사업자는 기업의 자금을 마음대로 사용할 수 있다. 개인 명의의 계좌에서 자유롭게 인출할 수 있다.

법인기업은 법인이 사업의 주체가 된다. 법인은 법에 의해 권리가 부여되는 집단으로, 법적인 권리와 의무의 주체가 된다. 주주, 즉 출자자는 출자금액 한도 내에서만 유한 책임을 지고, 사업과 관련된 모든 성과는 법인 계좌에 귀속된다. 주주는 출자한 지분의 한도 내에서만 책임을 지므로 기업이 도산할 경우에 피해를 최소화할 수 있다.

대외 신인도 면에서 개인기업의 신인도는 개인사업자의 신용과 재력에 따라 평가받으므로 법인기업보다 낮은 편이다. 그래서 일반적으로 개인기업보다 법인기업의 대외 신인도가 높은 편이다. 또 법인의 명의로 세금도 부과된다.

그렇지만 법인사업자는 법인의 계좌에서 개인의 이익을 위해 마음대로 인출할 수 없다. 만약 이를 어기면 횡령 또는 가지급금(실제 현금의 지출은 있었지만 거래의 내용이 불분명하거나 미확정인 경우에 '회계상 가지급금'이라고 한다.)이 된다. 또 법인기업의 대표자는 법인에서 지급받은 급여와 배당받은 주식만 개인적으로 사용할 수 있다.

| 개인기업과 법인기업의 설립 절차

개인기업으로 창업하는 경우에는 설립 절차가 비교적 간단하다. 인터넷을 통해서도 사업자등록증을 발급받을 수 있다. 국세청 홈텍스(www.hometax.go.kr)에 가입되어 있고 공인인증서가 있으면 세무서에 방문하지 않더라도 인터넷 등록 및 발급도 가능하다. 설립 절차가 비교적 간단하고 사업자등록 비용도 적게 드는데, 사업 규모나 자본이 작은 경우에 적합하다.

법인기업은 법원에 설립 등기를 해야 하는 등 개인기업보다 설립 절차가 다소 까다로운 편이다. 등록 면허세도 내야 하고, 채권 매입 비용 등 설립 비용도 필요하다. 법인기업은 자본금이 10억 원 미만인 경우에는 인터넷으로 등록할 수 있지만 그 이상인 경우에는 세무서에 방문해야 한다.

참고로 정부에서 운영하는 온라인 법인 설립 시스템(www.startbiz.go.kr)을 통해 법인기업을 쉽고 간단하게 설립할 수 있다. 온라인 법인 설립 시스템을 통해 법인기업 설립과 관련된 자세한 상담도 받을 수 있는데, 사업자등록증을 신청하기 몇 개월 전부터 최대한 많이 전화하고 상담받아볼 것을 권한다.

| 개인기업과 법인기업의 자금 조달과 이익 분배

개인기업은 창업자 개인의 자본과 노동력으로 만들어진 기업이므로 자금 조달에 한계가 있어 대규모 자금이 소요되는 사업에는 무리가 있을 수 있다. 하지만 사업 자금이나 사업에서 발생한 이익을 사용하는 데는 제약받지 않는다. 예를 들어 사업으로 발생한 이익금을 부동산 투자에 사용하든 다른 사업에 투자하든 생활비로 쓰든 전혀 간섭을 받지 않는다.

법인기업은 주주를 통해 자금을 조달하므로 대규모 자금을 형성하는 데 유리하다. 하지만 법인기업은 주주와 별개로 독자적인 경제주체이므로 일단 자본금으로 들어간 자금과 기업경영에서 발생한 이익은 적법한 절차를 통해서만 인출할 수 있다. 주주총회에서 배당결의를 한 후 배당이라는 절차를 통해서만 인출할 수 있고, 법인기업의 대표자가 법인의 자금을 쓰려면 적당한 이자를 낸 후 빌려 써야 한다.

| 개인기업과 법인기업의 세금 차이

개인기업은 소득세로 종합소득세를 내야 한다. 사업자 본인에 대한 급여는 비용으로 인정되지 않으며, 사업용 고정자산이나 유가증권(재산권을 표시한 증권. 권리의 발생, 행사, 이전이 증권으로 이루어지는 것으로 어음, 수표, 채권, 주권, 상품권 등이 유가증권이다.)을 처분하는 데 따르는 이익에 대해서는 과세하지 않는다.

법인기업은 소득세로 법인세를 내야 한다. 법인기업 대표이사의 급여는 법인의 비용으로 처리할 수 있다. 그러나 고정자산이나 유가증권을 처분하는 데 따르는 이익에 대해서도 법인세가 과세된다.

개인기업의 과세표준(과세의 기준이 되는 것. 소득세에서는 사업에 드는 모든 비용을 제외하고 발생한 소득액이 기준이 된다.)은 6~42%까지 적용된다. 과세표준인 소득액이 연간 1,200만 원 이하인 경우에는 6%, 1,200~4,600만 원이면 15%, 4,600~8,800만 원이면 24%, 8,800만~1억 5,000만 원이면 35%, 1억 5,000만~3억 원이면 38%, 3~5억 원이면 40%, 5억 원을 초과하는 경우에는 42%가 적용된다.

법인기업의 경우에는 각 사업년도의 소득에 대한 법인세율로 10~25%가 적용된다. 과세표준이 2억 원 이하인 법인기업은 10%가 적용되고, 2억 원을 초과하면 20%, 200억 원을 초과하면 22%, 3,000억 원을 초과하면 25%가 적용된다.

단순하게 세율만 고려하면 과세표준 2,160만 원 이하인 경우에는 개인기업이 유리하고, 2,160만 원을 초과하는 경우에는 법인기업이 유리하다.

개인기업과 법인기업의 차이점

	개인기업	법인기업
절차 및 비용	세무서 혹은 인터넷 국세청 홈텍스에서 사업자등록 가능함. 별도의 설립 비용은 없음.	사업자등록을 하는 과정에서 설립 비용이 필요함. 인터넷으로 사업자 등록을 할 경우 다음과 같은 절차를 따라야 함. 회사 설립 신청→대표자 명의의 잔액증명 통장 신고→법인등록 면허세 신고 및 납부→법인설립등기 신청→사업자등록 신청→4대보험 신고→완료
설립 자본금	별도의 법정 자본금이 필요 없음.	법정 최저 자본금은 폐지되었지만 통상적으로 100~5,000만 원 정도의 자본금이 필요함.
소득 주체	개인이 사업 주체이므로 모두 개인 대표의 소득으로 봄.	법인기업은 법인의 소유이기 때문에 대표자의 소득은 아님.
자금 인출	개인 명의의 통장에서 자유롭게 인출 가능.	대표자가 법인의 계좌에서 개인적으로 사용하기 위해 인출하지 못함. 대표자→급여, 주주→배당으로 개인 자금화 가능.
세금	사업 소득이 개인 소득이 됨. 종합소득세를 내야 함. 6~42%의 세율이 적용됨.	법인 소득에 대해 법인세를 내야 함. 10~25%의 세율이 적용됨.
기타	회계 및 세무 처리가 간편함. 소규모 사업자에게 적합함.	회계 및 세무 처리가 복잡함. 일정 규모 이상의 사업자나 회사의 지속성장이 목표인 경우 적합함.

출처: 국세청, 『2018년 세금절약 가이드』

3
상품뿐만 아니라
기업 이미지도
포지셔닝하라

마케팅 이론 중에는 '포지셔닝'이 있다. 포지셔닝은 마케팅의 대가인 잭 트라우트가 고안한 이론으로, 영업자라면 꼭 알아야 할 이론이 되었다. 잭 트라우트는 알 리스와 함께 『포지셔닝』이라는 책을 집필했는데, 그 책에서 '포지셔닝'에 대해 다음과 같이 정의하고 있다.

"포지셔닝의 출발점은 상품이다. 하나의 상품이나 하나의 서비스, 하나의 회사, 하나의 단체 또는 한 개인에서부터 시작되는 것이다. 어쩌면 여러분 자신에서부터 시작될 수도 있다. 그러나 포지셔닝은 상품에 대해 어떤 행동을 취하는 것이 아니라, 잠재 고객의 마인드에 어떤 행동을 가하는 것이다. 즉 잠재 고객의 마인드에 해당 상품의 위치를 잡아주는 것이다."

이 책은 마케팅 기법을 다루는 책은 아니므로 매출을 높이기 위한 마케팅 전략에 대해 다루지는 않을 것이다. 다만『포지셔닝』을 읽으며 내가 얻어낸 교훈을 여러분에게 전하고 싶을 뿐이다.

창업자인 우리는 상품을 잘 포지셔닝해야 한다. 성공적인 포지셔닝을 위해서는 고객의 마인드에 해당 상품을 심어주어야 하는데, '상품 또는 창업가 자신을 이미지화'해야 고객을 사로잡을 수 있다.

대기업에서 생산하는 상품과 달리 소상공인이 판매하는 상품 또는 아이템에는 사업자 개인의 정체성이 반영된다. 예를 들어 커피나 음식 등을 판매하는 매장에서는 창업자의 개성에 따라 매장 분위기가 바뀐다. 고객은 흔하디흔한 매장보다는 독특한 분위기를 연출하는 매장에 끌린다. 따라서 상품 또는 아이템에 창업자의 이미지가 반영되어야 한다.

요새는 소상공인, 특히나 1인 기업으로 창업하는 경우가 많은데, 소규모 기업뿐만 아니라 대규모 기업의 경우에도 대표자는 대개 한 명이다. 공동창업을 하는 경우를 포함하더라도 기업의 대표자 수는 평균적으로 1.1명이다. '2016 창업기업 실태

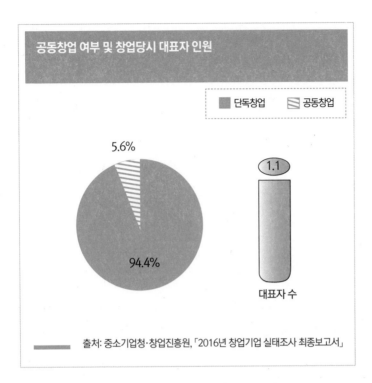

공동창업 여부 및 창업당시 대표자 인원

단독창업　　공동창업

5.6%

94.4%

1.1

대표자 수

출처: 중소기업청·창업진흥원, 「2016년 창업기업 실태조사 최종보고서」

조사'에 따르면 우리나라 기업의 평균 대표자 수는 1.1명이다. 기업의 규모가 크든 작든 대표자는 대개 한 사람인데, 기업의 이미지에 기업 대표자의 이미지가 반영되는 경우가 많다.

예를 들어 프랜차이즈 외식업을 하고 있는 백종원 대표는 방송에 자주 출연하는데, 그의 이미지는 프랜차이즈 외식업체의 매출에도 영향을 끼친다.

우리는 대표자의 이미지가 기업의 이미지에 얼마나 큰 영향을 끼치는지를 애플을 통해 알 수 있다. 애플은 혁신의 대명사로 통했는데, 애플의 창업자 스티브 잡스는 혁신의 아이콘으로 통했다. 더 나아가서 애플의 아이폰을 사용하는 사용자 역시 혁신가로 통하게 되었다.

창업을 하기 전에 '나'를 브랜드화해 어떻게 차별화를 꾀할지 고려해야 한다. 소규모 기업의 경우 대표자가 마케팅을 직접 하는 경우가 많은데, 대표자의 이미지가 구매 결정에 적지 않은 영향을 끼친다. 같은 제품이라면 구매 담당자는 별다른 매력을 못 느끼는 상품보다 대표자의 정성과 개성 등이 반영된 상품에 매력을 느낀다. 따라서 고객에게 '나' 혹은 '내 아이템'을 포지셔닝해야 한다.

나는 지금 ICT 카운슬링 및 자료 보안, 스마트 팩토리 협업 회사인 인스를 창업해 운영하고 있는데, 여러 기업 고객사를 상대로 직접 영업도 하고 있다. 기업 고객사에게 ICT 카운슬링을 하면서 하드웨어 및 프로그램을 판매하는 경우도 많은데, 이때 나는 단순히 상품을 판매하는 영업자가 아니라 하드웨어 및 프로그램의 전반적인 카운슬링과 교육 등이 가능한 문제해결사의 이미지를 고객에게 심어주려고 노력한다.

만약 단순히 상품만을 판매하려는 영업자의 마인드를 갖추었다면 고객의 마음을 얻는 데 실패했을 것이다. 나는 10여 년 전에도 프로그램을 판매하는 사업을 했는데, 그때에는 고객에게 제품만 판매하는 영업자의 이미지를 심어주었다. 그러자 고객들은 나를 일반적인 영업자로만 여겼다.

나는 이러한 경험을 반면교사로 삼았다. 2004~2005년에 첫 창업으로 프로그램 교육사업을 했던 경험을 살려 내가 판매한 상품을 활용하는 데 필요한 교육도 제공해 주었다. 프로그램을 판매한 후 교육도 제공하고 꾸준한 지원도 병행하다 보니 나를 '선생님' 혹은 '유지보수 담당자'로 생각하게 되었다. 고객들은 나를 '파는 사람'이 아니라 '문제를 해결해 주는 사람'으로 받아들이게 되었다.

그러자 꼬리에 꼬리를 물고 고객이 늘어나게 되었다. 최근에 경기가 안 좋아 ICT 관련 창업도 힘들어지고, 나와 비슷한 사업을 하면서 경영난에 시달리는 사장님들도 많지만 나는 안정적으로 매출을 늘리고 있다.

사람들이 "이 업종은 사양산업이다", "경쟁이 매우 심한 레드오션이라서 위험하다"고 말하더라도 기죽을 필요는 없다. 레드오션에서도 기회를 찾는 사람이 있고, 블루오션에서도 좌초하는 사람이 있게 마련이다. 우리는 고객의 마음을 사로잡기 위해 다음과 같이 포지셔닝하는 것이 좋을 것이다.

1. 수많은 제품과 경쟁사들이 있지만 고객의 마음을 사로잡는 문구나 차별화된 나만의 이미지를 만들자.
2. 고객이 나 혹은 내 회사를 떠올릴 때 주아이템과 부아이템의 이미지가 떠오르도록 하자.

그렇다면 나의 이미지 혹은 주아이템과 부아이템의 이미지를 고객에게 어떻게 인식시켜야 할까? 우리 주위에는 고객을 사로잡기 위해 경쟁자를 욕하고 깎아내리는 사람이 있는데, 이 방법은 오히려 고객을 등 돌리게 만든다. 『포지셔닝』에는 경쟁자를 욕하지 않고 인정하는 방법으로 고객을 사로잡는 노하우가 소개되어 있는데, 잠깐 살펴보기로 하자.

수십 년이 지난 지금도 가장 성공적인 포지셔닝 전략으로 통하는 사례는 에이비스(Avis) 렌터카의 'No.2 캠페인'에서 찾을 수 있다. 에이비스의 No.2 캠페인은 경쟁자를 욕하는 대신에 자신을 낮추어 성공했다. 에이비스는 13년 연속 적자 상태였고, 렌터카업계에서 2등에 불과했다. 하지만 에어비스는 스스로를 2등으로 인정하는 포지셔닝 마케팅을 펼치고, 더 열심히 하겠다는 자세로 일관해 흑자로 돌아서기 시작했다. 에이비스는 '더 열심히 하는 기업'으로 포지셔닝한 덕분에 1등을 따라

잡을 수 있었다.

자신을 낮추고 고객을 위해 열심히 일하는 사람 혹은 기업, 고객에게 이러한 이미지를 심어준다면 절반은 성공한 셈이다.

4
전문가가 아니라
문제해결사가 되어야 한다

21세기에 등장한 최고의 멀티플레이어는 스마트폰이다. PC와 전화기, 사진기, MP3 등이 해왔던 모든 일을 스마트폰 하나로 해결할 수 있기 때문이다. 소규모 사업체를 창업하는 창업자가 기획을 비롯해 개발, 영업 등을 모두 해낸다면 인건비를 절약할 수 있으니 여러 명의 직원을 두는 경우보다 수입도 늘 것이다.

많은 사람들이 창업을 하면서 2인 혹은 3인 이상의 일을 혼자서 해결하려 한다. 하지만 1인 기업으로 창업한다 해도 모든 일을 절대로 혼자 해결하려 해서는 안 된다. 기획이든 디자인이든 영업이든 각 분야에는 전문가가 있는데, 이 모든 일들을 해내는 멀티플레이어라면 문제되지 않겠지만 그렇지 않다면 전문가의 도움을 받아야 한다. 전문적인 업무 능력을 갖춘 직원을 채용하거나 외주협력업체의 도움을 받는 협업이 필요한데, 협업을 통해 '1+1=2'가 아니라 3 혹은 4의 결과물을 창출할 수 있다.

그러나 직원이든 외주협력업체든 모든 일을 파트너에게 의존해서는 안 된다. 사장이라면 모든 일에 책임을 져야 한다. 문제가 생기면 누구보다 훌륭한 '문제해결사'가 되어야 한다. 예를 들어 음식점에서 음식 맛에 문제를 제기하는 고객이 있다면 직원보다는 사장이 직접 사과하면 고객의 화는 보다 수그러진다.

곰곰이 생각해 보면 세상의 모든 사업체는 문제해결사이다. 일 때문에 만나서 이야기해야 하는 A와 B가 있다고 하자. A와 B가 만난 곳은 시내 중심가의 지하철역 앞이라서 시끌벅적하다. 차를 마시며 대화를 나눌 만한 조용한 곳이 필요해 주위를 두리번거린다.

'어디 가서 얘기하지?'

A와 B는 문제를 해결한다. 커피숍을 발견했기 때문이다. 커피숍은 A와 B에게 문제해결사가 되어준다.

A와 B는 차를 마시면서 일 이야기를 시작한다. A는 B에게 의

뢰받은 일에 차질이 생겼으니 며칠 더 시간을 주면 안 되겠느냐고 물어본다. 그리고 그 이유에 대해서도 설명한다.

"컴퓨터에 문제가 생겨서 수리한 후에 작업해야 합니다."

그러자 B는 자신이 자주 이용하는 컴퓨터 수리점을 소개해 준다. A는 곧장 B가 소개해 준 컴퓨터 수리점에 전화한다. 컴퓨터 수리점은 A에게 문제해결사가 되어준다.

가전제품이 필요한 사람에게 가전제품 판매점이나 인터넷 쇼핑몰은 문제해결사가 되어주고, 영화가 보고 싶은 사람에게 극장은 문제해결사가 되어준다. 한 분야에서 최고의 문제해결사가 되면 자연스레 매출이 오르게 되어 있다. 독자들이 책을 사려 할 때 가장 먼저 떠오르는 서점을 만든다면, 최고 매출의 서점이 될 것이다. 동네 커피숍이든 음식점이든 컴퓨터 수리점이든 우리는 고객이 가장 먼저 찾는 문제해결사가 되어야 한다.

그런데 우리 대부분은 모든 분야의 전문가는 아니다. 음식점의 경우에 사장이 요리도 할 수 있겠지만 배달까지 하는 경우에는 무리가 따른다. 고객들이 종종 배달 지연에 대해 항의한다고 해서 직접 배달했다간 오히려 더 배달이 지연되고, 정작 중요한 경영과 요리에 신경 쓰지 못할 수도 있다. 모든 일의 전문가가 되려 하다간 상황은 더 악화된다. 배달을 해보지 않은 사람이

하루아침에 배달 전문가가 될 수는 없으니, 배달 담당자와 함께 어떻게 하면 배달 시스템을 개선할 수 있는지 대책을 강구하는 것이 나을 것이다. 배달 담당자의 업무에 과부하가 걸렸다면 배달 협력업체의 도움을 받는 것이 바람직할 수도 있다.

그렇다. 우리는 문제가 발생했을 때 함께 해결해 줄 수 있는 협력자가 필요하다. 사장이 개발자 출신이라면 자신이 만든 제품을 판매할 수 있는 영업자 혹은 영업대행사와 협력해야 한다. 사장이 영업 전문가라면 제품을 판매한 뒤 사후관리를 도와줄 수 있는 협력자가 필요하다. 제품이 아닌 기술을 개발하는 사람이라면 제품을 제조하는 제조사 혹은 판매사와 협력해야 한다.

그런데 협력자가 필요해 동업하는 경우가 종종 있는데, 협업에 실패한다면 동업자와 동행이 아닌 결별을 할 수도 있다. 자본도 영업력도 부족했던 나는 기술력을 기반으로 창업을 준비했는데, 내가 개발한 제품을 판매할 수 있는 영업 전문가가 필요했다. 때마침 영업력은 갖추었지만 기술력이 부족한 사람이 내게 손을 내밀었다. 충분한 경험이 없던 나는 덜컥 손을 잡고 동업으로 창업했다.

결과적으로 우리는 실패했다. 자신의 부족한 점을 서로가 채워줄 수 있겠다고 생각한 나머지 서로에게 너무 의존했기 때문이다. 동업을 시작한 후 우리는 교집합을 만들지 못했다. 나와 동업자는 각각 자신의 분야에서 전문가라고 자신했지만 결국 상대의 입장을 헤아리지 못해 내부 분열이 생기게 되었다.

그 당시에 제품 영업을 하던 동업자는 계약을 따내기 위해 거래처의 요구사항을 무조건 들어주었다. 거래처에 제품을 판매하기도 전에 프로그램 사용과 관련된 여러 문제를 해결해 주면 우리 프로그램을 구매해 줄 것이라고 생각한 것이다. 하지만 이로 인한 일들은 내 몫이 되었고, 나중에는 감당할 수 없을 만큼 많아지게 되었다.

나는 그 당시에 동업자와 함께 거래처에 방문했을 때 내 의견을 적절히 피력해야 했다. 거래처의 요구사항을 직접 들어본 뒤 그에 따르는 불이익이 예상된다면 내 의견을 동업자에게 이야기했어야 했다. 거래처의 요구사항을 이 정도까지는 들어줄 수 있지만 더 이상 들어준다면 차라리 거래하지 않는 것이 낫다고 말해 주었어야 했다.

하지만 서로 충분히 협의하지 못했던 우리는 서로에 대한 원망만 커졌다. 영업자가 해야 할 일을 다했다고 생각한 동업자는 투잡으로 인터넷 쇼핑몰을 운영하기 시작했다. 우리가 함께하는 일보다 인터넷 쇼핑몰에 더 신경 쓰기 시작하자 사무실은 점점 인터넷 쇼핑몰 창고가 되어갔다. 결국 내부 분열이 생겼고, 매출이 곤두박질쳤다. 그렇게 첫 동업은 끝이 났다.

내 경우에는 잘못된 협업으로 동업에 실패했지만 서로에게 좋은 협력자가 되어주어 동업에 성공하는 경우도 많다. 동업자와 함께 창업한다면 서로 문제를 공유하고 함께 문제를 해결해 나가야 한다. 예를 들어 제품을 판매하기 위해 거래처를 방문한 동업자가 다음과 같은 이야기를 들었다고 가정해 보자.

"이 프로그램은 기능은 좋은데, 기능을 활용하기가 까다로운 것 같아요. 그러니 사용설명서를 좀 더 구체적으로 만들어주시면 좋을 것 같은데요."

동업자라면 거래처에서 이 이야기를 듣고 혼자서 결정해서는 안 될 것이다. 동업자에게 사용설명서의 필요성을 이야기해 주면서 그에 대한 상대의 의견을 물어봐야 할 것이다. 동업자와 함께 프로그램 사용설명서를 만드는 데 따르는 비용 등을 고려한 뒤 거래처의 요구사항을 들어줄지를 결정하는 것이 바람직할 것이다. 이처럼 서로 협력해야 내부 분열을 피할 수 있다.

자, 이제 본론으로 돌아가자. 앞서 말했듯이 우리는 모든 일의 전문가가 될 수는 없으니 동업자든 직원이든 협력업체든 다른 사람과 협업해야 한다. 만약 협력업체와 함께해야 한다면 내가 시키는 일만 잘해내는 협력업체보다는 나에게 조언을 건네는 협력업체가 나을 것이다. 그런 협력업체와 만나기 위해서는 어떻게 해야 할까?

도소매업을 예로 들어보자. 우리나라에서 처음으로 창업하는 사람들의 70%가량은 도소매업에 뛰어든다. 도소매업은 대부분 제품을 공급받아 납품하는 식으로 운영된다. 제품을 공급받기 위해서는 제조업체와 인맥이 있어야 하고, 제품을 납품 또는 판매하기 위해서는 영업력이 필요하다. 또 제품을 판매한 뒤에도 사후관리가 필요하다. 이 모든 일을 혼자서 해내는 것이 버거울 수 있으니 전문적인 업무 능력을 갖춘 협력업체가 필요하다.

다행히 창업 이전에 해당 분야의 직장에 다녀서 적합한 협력업체를 확보했다면 문제되지 않겠지만 그렇지 않은 경우에는 직접 협력업체를 구해야 한다. 내 경우에는 좋은 협력업체를 구하기 위해 여기저기 발로 뛰어다녀야 했다. 인터넷 쇼핑몰을 준비했을 때는 일단 주위에 부탁해 믿을 만한 분이나 회사를 소개받았고, 좋은 협력업체가 되어줄 수 없겠다고 판단되었을 때는 정중히 양해를 구하고, 또 다른 협력업체를 찾아 나섰다. 사무실과 회계사 사무실을 알아볼 때도 발로 뛰었다. 사무실을 알아볼 때 원하는 사무실 주변의 공인중개사 사무실에 방문했고, 회계 관련 문의가 필요할 때는 회계사 사무실을, 은행 관련 문의가 필요할 때는 가까운 은행지점에 방문했다. 아이디어가

떠올라 개발하고 싶은 프로그램이 생기면 프로그램 판매사 담당자들에게 이메일을 보냈고 미팅까지 성사시켰다.

이렇게 여기저기 뛰어다니며 여러 사람을 만나본 결과 좋은 정보를 얻을 수 있었고, 좋은 만남으로 이어지게 되었다. 이렇게 만난 사람들 중에는 나와 내 회사를 위해 조언을 아끼지 않는 분들도 많다. 결국 나를 찾아오는 사람이 없다면 내가 먼저 다가가야 좋은 협력업체를 구할 수 있다.

5
창업에 실패하는 20가지 이유

"승리하면 조금 배울 수 있고, 패배하면 모든 것을 배울 수 있다."_크리스티 매튜슨(1936년 명예의 전당에 처음 입성한 메이저리그 투수)

"가끔은 혁신을 추구하다 실수할 때도 있다. 하지만 빨리 인정하고 다른 혁신을 개선해 나가는 것이 최선이다."_스티브 잡스(애플의 창업자)

"내 첫 번째 회사는 엄청나게 실패했다. 두 번째 회사는 실패했지만 첫 번째보다 덜 실패했다. 세 번째 회사는 적절하게 실패했고, 견딜 만했다. 네 번째 회사는 거의 실패하지 않았고, 크게 만족하지는 않았지만 그런대

로 괜찮았다. 그 다음 다섯 번째 회사는 바로 페이팔이었다.”_맥스 레브친

(페이팔의 창업자)

창업을 준비하면서 ‘실패’는 생각하기도 싫을 것이다. ‘성공’이라는 단어를 창업의 꼬리표로 붙이고 싶을 것이다. 창업자에게 실패는 경제적인 손실뿐만 아니라 폐업을 일으키는 요인이 된다.

금융위원회는 KDB산업은행과 함께 창업 및 기업경영에 유용한 정보를 제공해 주는 ‘기업나들목(www.smefn.or.kr)’ 사이트를 운영하고 있다. 이 사이트에는 성공 사례 외에 실패 사례들도 소개되어 있는데, 잠깐 소개할까 한다.

실패 원인	교훈
■ 창업 준비 부족 간호조무사 경력이 전부인 창업자는 아동의류소매업에 대한 경험이 전혀 없는 상태에서 창업함.	■ 창업 전에 철저한 사전 준비는 필수
■ 유아용 의류와 부적합한 주변 상권 주변에 소매상가가 발달하지 않고 유동인구가 적은 곳에서 창업해 고객이 감소함.	■ 상권분석을 한 뒤 신중히 사업장 입지를 선정해야 함.
■ 대형할인점과 경쟁하기 불리한 아이템 선정 창업 당시 서귀포 시에는 E마트 등 다수의 대형마트에 이미 유아용 의류매장이 입점해 있었음.	■ 자신의 상황을 고려한 유망 아이템 및 브랜드를 선정해야 함.
■ 주먹구구식 자금 운영 창업자는 사업장 임차보증금을 적게 내고, 1년치 임차료를 일시에 납부하는 구조로 운영함.	■ 최소한 1년을 버틸 만한 자금계획 필요

출처: 기업나들목(www.smefn.or.kr) 홈페이지

이 실패 사례의 주인공은 초기 자본 3천만 원으로 창업했는데 개업한 지 1년 2개월 만에 폐업했다. 경험 부족과 아이템 선정 오류 등으로 실패한 것이다. 이러한 분들은 우리 주위에 많은데, 창업 전에 사전 준비가 반드시 필요하다는 것을 알 수 있다.

아울러 우리에게는 사전 준비뿐만 아니라 실패를 두려워하지 않는 도전정신도 필요하다. 실패는 성공으로 향하는 과정이라고 생각해야 한다.

2011년에 서울에서는 세계 창업가 워크숍이 열렸다. 이 워크숍에는 MIT 슬론경영대학원의 빌 올렛 교수가 참석했다. 이코노미조선의 「3M·구글의 공통점… '실패 파티' 열고 '실패왕' 선발」이라는 기사에는 빌 올렛 교수가 느낀 점들이 소개되었다.

행사장은 전 세계 창업가들로 붐볐지만 주최국인 한국의 창업가는 별로 눈에 띄지 않았다. 이유를 궁금해하는 올렛 교수에게 한 한국인 참석자가 창업해서 직원 여섯 명을 고용한 기업가 친구의 이야기를 들려주었다. 그 친구가 여자 친구의 부모님께 결혼 승낙을 받으러 가자 부모님은 "대기업 사원이나 공무원 같은 '진짜' 직업을 구하면 그때 결혼을 허락하겠다"고

했단다. 올렛 교수는 한국이 벤처 창업하기를 꺼리는 이유를 위험을 기피하는 문화에서 찾았다. 올렛 교수는 다음과 같이 말했다.

"실패에 상대적으로 너그러운 미국과는 달리 한국에선 실패를 받아들이는 걸 특히 어려워하는 것 같더군요. 하지만 실패가 없이는 기존에 없던 새로운 것은 만들 수 없습니다. 그게 가능하다고 주장하는 건 '여기에 너무나 먹음직스럽지만 칼로리는 0인 초콜릿 케이크가 있어'라는 말만큼이나 허황된 거죠."

창업자라면 실패를 두려워하지 않는 도전정신이 무엇보다 필요할 것이다. 하지만 피할 수만 있다면 실패를 피하는 것도 상책 아닐까? 그렇다면 어떻게 해야 실패하지 않을 수 있을까? 창업 이후에는 여러 위험요소가 도사리고 있다. 우리가 부딪칠 수 있는 실패 요인을 알고, 이에 대처해야 할 것이다.

미국의 시장조사기관인 CB인사이츠(CB insights)는 2014년에 자사의 사이트에 '스타트 업이 실패하는 20가지 이유'를 게재했다. CB인사이츠는 101개 스타트 업의 실패 원인을 분석했는데, 하나의 원인만으로 실패하지 않는다는 사실을 알아냈다. CB인사이츠는 스타트 업의 실패 원인으로 가장 많이 언급되는 20가지를 발견했다. '스타트 업(Start-up)'은 실리콘밸리에

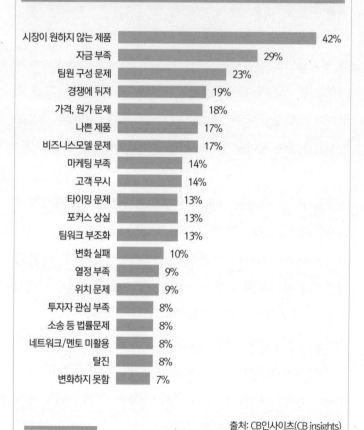

'스타트 업이 실패하는 20가지 이유'

이유	비율
시장이 원하지 않는 제품	42%
자금 부족	29%
팀원 구성 문제	23%
경쟁에 뒤져	19%
가격, 원가 문제	18%
나쁜 제품	17%
비즈니스모델 문제	17%
마케팅 부족	14%
고객 무시	14%
타이밍 문제	13%
포커스 상실	13%
팀워크 부조화	13%
변화 실패	10%
열정 부족	9%
위치 문제	9%
투자자 관심 부족	8%
소송 등 법률문제	8%
네트워크/멘토 미활용	8%
탈진	8%
변화하지 못함	7%

출처: CB인사이츠(CB insights)

서 젊고 혁신적인 기술과 아이디어를 보유하고 설립한 지 얼마 안 된 창업기업이다. 창업을 꿈꾸는 우리에게 스타트 업의 사례는 참조할 만하다. 옆 페이지의 표에 소개된 20가지 실패 이유는 우리가 눈여겨봐야 할 것들이다.

20가지 이유 중에서 중요하지 않은 것은 없지만 우리는 가장 많은 스타트 업이 실패한 이유로 꼽은 '시장이 원하지 않는 제품'을 눈여겨봐야 한다. '시장이 원하지 않는 제품'은 '나쁜 제품', '타이밍 문제' 등과도 관계있다. 결국 시장이 원하지 않는 제품을 개발하거나 판매하면 실패할 수밖에 없는데, 우리가 개발 또는 판매하는 주아이템과 부아이템이 '시장이 원하는 제품'인지 반드시 생각해야 한다.

다음으로, 두 번째로 큰 실패 이유는 '자금 부족', 즉 금전적인 문제이다. 금전적으로 어려워지면 폐업 위기에 처하는데, 폐업을 막기 위해서는 어쩔 수 없이 대출에 의존할 수밖에 없다. 하지만 이후에도 상황이 개선되지 않는다면 어떻게 할 것인가? 차라리 하던 일을 잘 정리하고 또 다른 창업에 도전하는 것이 낫지 않을까?

그러기 위해서는 자신이 감당할 수 있는 한계 기준을 정해야 한다. '여기까지'가 마지노선이고 더 이상은 안 된다는 한계 기준을 스스로 정해야 한다. 그래야 실패를 딛고 또다시 도전할 수 있는 여력이 생길 수 있다. 그렇다면 한계 기준은 어떻게 정해야 할까?

창업을 준비하면서 대출을 먼저 생각하는 창업자가 많다. 창업 자금이 부족하다면 어쩔 수 없이 대출을 받아야 하는데, 그 경우에 매달 이자를 갚아야 한다. 이자뿐만 아니라 직원을 채용하는 경우에는 인건비를 지출해야 한다. 이외에도 사무실과 매장 등 사업장 운영비와 기타 비용도 필요할 것이다.

내 경우에는 지출 비용을 고려해 최소한 얼마큼 수익이 발생해야 하는지 한계 기준을 정해 놓았다. 이 한계 기준을 벗어난다면 '실패한다'는 각오로 '나의 실패 기준'을 정한 것이다. 참고로 나는 현재 여러 가지 사업을 하고 있는데 그중 하나로 프로그램 도소매업을 하고 있다. 프로그램 도소매업만 예로 든다면 제품을 판매하면 한 달에 5~7천만 원가량 매출을 올린다. 하지만 매출 대비 90% 내외의 금액이 매입 비용으로 지출되어야 한다. 또 사업장 운영비와 기타 비용 등을 포함한 지출 비용으로 매월 600만 원가량 소모된다. 그래서 매출에서 매입 비용과 지출 비용을 제한 한 달 최소 수익을 500만 원으로 정했다. 그보다 적은 수익이 3개월 이상 발생하면 절대 안 된다고 한계 기준을 정한 것이다.

나의 실패 기준(저자의 예)

기준	2017년 10월 목표	2017년 10월 달성률
1주일 방문업체 목표	1주일: 최소 25업체	1주일: 20업체(80%)
한 달 매출	50,000,000원	42,000,000원(84%)
한 달 최소 수익	5,000,000원	42,000,000원(매출)-32,000,000원(매입)-6,000,000원(지출 비용)=4,000,000원(한 달 최소 수익)

2017년 10월에 목표한 한 달 최소 수익은 500만 원인데, 실제 최소 수익은 400만 원이었다. 이처럼 실패하는 달이 3개월 이상 발생하면 절대 안 된다고 '나의 실패 기준'을 정했다. 참고로 프로그램 도소매업의 경우 매출이 매월 일정하지 않은데, 다행히 다음 달에는 매출이 두 배 이상 발생해 전월의 손실을 만회했다.

제**4**장

성과를 올리는
방법부터
모색하자

1

'열심히'보다는 '효율적'으로

'열심히 일한 당신 떠나라!'

2002년에 인기를 끈 카드회사의 광고문구다. 이 광고문구를 접하자마자 '열심히 일한 우리를 이해해 주는 것'이라고 생각했다. 하지만 곰곰이 생각해 보니 마냥 그런 것은 아닌 것 같았다.

'무슨 돈으로 여행 가지?'

'돈 없으면 카드로 빚내서 여행 다녀오라는 말인가? 여행을 다녀와서는 또다시 열심히 일하라는 말인가?'

우리는 오전 9시부터 오후 6시까지, 8시간 이상 일해야 한다는 강박관념에 사로잡혀 있다. 하지만 그보다 적게 일하더라도 좋은 결과를 낳는 사람도 있다.

팀 페리스는 포브스와 포춘 등이 선정한 '우리 시대 최고의 젊은 혁신가' 중 한 사람이다. 3년 연속 팟케스트 방송 청취율 1위를 기록한 '팀 페리스 쇼'를 진행한 그는 '라디오 분야의 오프라 윈프리'라는 격찬을 받았고, 프린스턴대학교에서 기업가 정신을 강의하기도 했다.

어느 날 나는 그가 쓴 책인 『나는 4시간만 일한다』를 읽고 크게 공감했다. 그 책에서 '4시간'은 '하루에 4시간이 아니라 일주일에 4시간'을 말한다. 물론 책에서 말하는 '4시간'은 일의 효율을 높이기 위해 선택과 집중을 하는 시간을 뜻한다. 여하튼 이 책의 요점은 '더 적게 일하고 더 자유로워져라'다.

1. 중요하지 않은 일을 잘한다고 해서 그 일이 중요해지는 것은 아니다.
2. 시간이 많이 소요되는 일이라고 해서 그 일이 중요한 것은 아니다.

저자는 우리가 하루에 8시간 이상 일해야 한다는 강박관념 때문에 "시간을 채우기 위해 일하게 된다"고 주장한다. 저자 역시 하루에 15시간 이상 일하는 온라인 사업을 해왔는데, 날마다 일하면서 쫓기는 기분과 불행하다는 생각만 들었다고 한다.

그래서 저자가 생각한 것은 '파레토 법칙' 또는 '80 대 20 법칙'이다. 20%의 고객이 회사 매출의 80%를 올리므로, 20%의 고객에만 집중하면 굳이 오랜 시간 동안 일하지 않아도 된다고 생각한 것이다.

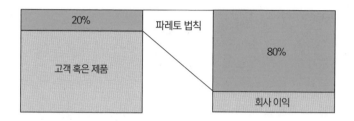

나는 "사소한 80%의 고객은 신경 쓰지 말라"고 주장하려는 것이 아니다. 파레토 법칙과는 반대로 "80%의 '사소한 다수'가 20%의 '핵심 소수'보다 뛰어난 가치를 창출한다"는 롱테일 법칙도 있는데, 이 법칙도 일리가 있다. 결국 파레토 법칙과 롱테일 법칙 중 어느 것을 선택할 것인지는 창업을 준비하는 우리에게 달려 있다.

내 경우에는 주로 고객을 찾아가야 하는 일들을 했는데, 파레토 법칙을 선택했다. 나는 100여 개 이상의 고객사를 확보했는데, 지속적으로 매출을 올려주는 고객사는 10~15개 업체에 불과했다.

팀 페리스 역시 "온라인 고객의 120명 중에는 추가적인 영업 전화를 하지 않아도 정기적으로 주문을 하는 단골이 단 5명에 불과했다"고 한다. 그는 나머지 고객 97%를 위해 일하는 것을 냉정하게 '비효율적'이라고 판단했다. 팀 페리스는 과감하게 3%의 고객에게만 집중했는데, 오히려 일하는 시간은 줄어들고 매출은 늘었다.

팀 페리스는 이러한 파레토 법칙에 파킨슨의 법칙을 더(+)하라고 당부한다. 파킨슨의 법칙은 "공무원 수는 업무량의 증가와는 관계없이 증가한다"는 법칙이다. 창업을 꿈꾸는 우리는 일의 노예가 되어서는 안 된다. 앞서 얘기한 20%의 고객에게만 집중하면 시간이 갈수록 공무원 수가 늘어나듯 매출은 증가한다.

우리는 기획안이나 사업계획서를 1주일 이상 준비하지만 마감이 임박해서야 집중력을 발휘해 완성하는 경우가 많은데, 이러한 집중력을 일하는 데 활용해야 한다. 꼭 필요한 20%의 고객에게 집중하면 시간이 갈수록 매출은 자연히 증가한다.

우리는 기본적으로 무언가를 하고 있다는 것을 보여주기 위해 잡무를 만들어낸다. 무언가를 하지 않으면 일하지 않고 놀고 있는 것 같아서 두려움이 생긴다. 그래서 무언가를 하고 있는 척하기 위해 일하는 경우가 많다. 그저 막연하게 '열심히' 일해야 한다고 생각한다. 우리는 어릴 적부터 '열심히'라는 단어에 구속당했다.

하지만 '열심히' 한다고 해서 좋은 결과를 낳는 것은 아니다. 우리는 '열심히'보다는 '효율적'으로 일해야 한다. 나는 효율적으로 매출을 올리기 위해 파레토 법칙에 파킨슨의 법칙을 덧붙인 방법인 택했다. 이 방법으로 현재 사업체를 운영하고 있다.

다음의 표를 살펴보면 아시겠지만 내가 최근까지 확보한 고객사는 119개 회사다. 그런데 2018년 5월부터 8월까지 매출을 올려준 고객사는 5월 14개 회사, 6월 17개 회사, 7월 14개 회사, 8월 15개 회사에 불과하다. 4개월간 평균적으로 매월 15개 회사만 매출을 올려준 셈이다. 최근까지 확보한 전체 고객사 중에서 4개월 동안 매출을 올려주는 고객사의 비율은 '(15÷119)×100%=12.6%'에 불과하다.

나는 적게 일해도 좋은 결과를 낳기 위해 지속적으로 매출을 올려주는 고객사에 특히 신경 쓴다. 우수고객사에 내가 판매한 제품을 잘 사용하고 있는지 등을 자주 물어본다. 만약 고객이 어려움을 느낀다면 직접 찾아가 사용법 등을 다시금 설명해준다. 이러한 방식이 모든 업종과 업태에 통용되지는 않겠지만 필요하다면 이 방식을 활용하기 바란다.

거래처정보 관리

- 거래처정보를 수정하시려면 해당자료를 클릭하십시오

| 사업자등록번호 | 763-65-00134 | 성명 | 나승호 |
| 상호(법인명) | 인스 | 사업장주소 | 경기 |

| 거래처 사업자등록번호 | | 거래처명 | |
| 대표자명 | | | 조회ㅎ |

거래처명 ▼ 오름차순 ▼ 10 ▼ 확인 내려

☐	거래처등록번호	거래처명	대표자	사업장주소	업태	종목	등록일자	주거래처	상세보
☐	12								상세보
☐	12								상세보
☐	12								상세보
☐	40								상세보
☐	11								상세보
☐	11								상세보
☐	10								상세보
☐	51								상세보
☐	16								상세보
☐	12								상세보

1 2 3 4 5 6 7 8 9 10 ▶▶ 총 119건(1/12)

최근까지 인스가 확보한 고객사는 119개다. 참고로 고객 정보를 보호하기 위해 이 책에
는 거래처명 등을 공개하지 않았다.

출처: 국세청 홈텍스 홈페이지

2

**고객성향분석,
고객을 알고 나를 알면
백전백승**

앞에서 우리는 '열심히'보다는 '효율적'으로 일하는 것이 바람직하다고 알아보았다. 효율적으로 매출을 높이기 위해서는 우수고객과 비우수고객을 구별해야 하는데, 우선 고객목록부터 정리해야 한다. 나는 고객목록을 엑셀(Excel)과 액세스(Access)로 정리하는데, 내가 관리하는 고객목록은 다음과 같다.

사실 고객목록은 창업 준비 과정에서는 작성하기 어려울 것이다. 창업 전에 고객을 확보하는 경우가 흔치 않기 때문이다. 퇴사 이후에 직장에서 하던 일과 연계된 일을 창업하는 경우에는 직장생활을 하면서 알게 된 거래처를 고객으로 확보할 수

업체명	담당자	☎	메일주소	최근 방문일	방문 예정일	담당	진행상황
낭	김	☎(1)		17년 10월 24일	17년 11월 07일	NA	데모, 미견적
낭	김	☎(1)				NA	데모, 미견적
룰	송	☎(0)		17년 10월 19일	17년 11월 07일	NA	데모, 미견적
삼	신	☎(1)		17년 10월 25일		NA	계약
삼	신	☎(0)		17년 10월 25일	17년 11월 07일	NA	계약
삼	신	☎(0)		17년 10월 25일	17년 11월 07일	NA	초기제안
우	윤	☎(0)		17년 09월 26일	17년 10월 17일	NA	초기제안
제	김	☎(0)		17년 09월 19일	17년 11월 01일	TM	견적제출, 데모,
유	이	☎(0)		17년 10월 25일	17년 10월 12일	NA	데모, 미견적
유	황	☎(0)		17년 10월 17일	17년 10월 12일	NA	추후연기
유	최	☎(1)		17년 10월 26일	17년 10월 12일	NA	협상중

고객 목록   여기서는 고객 정보를 보호하기 위해 업체명 등을 공개하지 않았다.

있을 것이다. 만약 그런 경우라면 고객목록을 작성할 수 있을 것이다. 또 창업 전에 사전영업으로 고객을 확보하는 경우에도 고객목록을 작성할 수 있을 것이다. 여하튼 고객목록을 확보한 다면 창업하자마자 효율적으로 매출을 올릴 수 있으니, 남들보 다 유리한 고지를 선점한 셈이다.

나는 고객목록에서 우수고객을 분류해 따로 목록을 만들고 있다. 우수고객이 누구인지 알아보기 위해서는 최근 6개월 또 는 1년간 높은 매출을 올려주고 있는 고객을 분석해야 한다. 이 러한 고객은 우수고객으로 분류하고 특별히 신경 써야 한다.

만약 창업 전에 고객을 확보하지 못한다면 창업 이후에야 고 객목록을 만들 수 있을 것이다. 창업 이후에 고객이 생기고 매 출이 발생하면 국세청 홈텍스(www.hometax.go.kr)를 통해 어떤 고객이 얼마큼 매출을 올려주고 있는지를 분석할 수 있다. 국

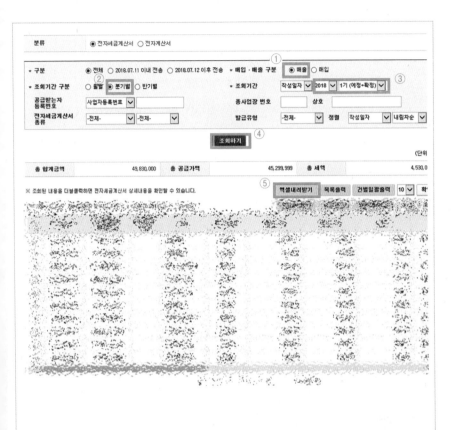

국세청 홈텍스에 접속한 후 조회/발급, 목록조회, 발급목록조회 순으로 클릭하면 매출을 조회할 수 있는데, ①매출, ②분기별, ③조회기간, ④조회하기, ⑤엑셀내려받기 순으로 클릭하면 된다. 하단의 매출 자료에는 거래처명과 매출액 등이 기록되어 있었지만 고객사의 프라이버시를 보호하기 위해 흐리게 표시했다.

출처: 국세청 홈텍스 홈페이지

세청 홈텍스에 접속한 후 조회/발급, 목록조회, 발급목록조회 순으로 클릭하면 매출을 조회할 수 있다. 만약 6개월간의 매출을 조회하고 싶다면 '엑셀내려받기'를 클릭하면 된다.

다음의 자료는 내가 운영하는 회사의 실제 매출 자료이니 참조하기 바란다. 참고로 나는 제3장에서도 실제 매출을 공개했는데, 여기서 공개하는 매출은 상대적으로 매우 낮을 것이다. 그 이유는

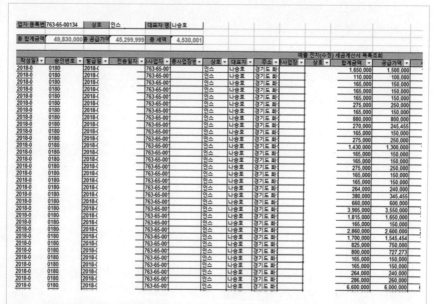

엑셀내려받기를 클릭하면 엑셀 파일이 만들어지는데, 최근 6개월간의 거래처별 매출현황을 알 수 있다. 엑셀의 필터 기능을 이용하면 각 회사별 매출 합계를 정리할 수도 있다.

열 번이나 실패했던 나 사장은 어떻게 창업에 성공했을까?

업자 등록번	763-65-00134		상호	인스		대표자 명	나승호					
총 합계금액	49,830,000	총 공급가액	45,299,999	총 세액	4,530,001							

| | | | | | | | | | 매출 전자(수정) 세금계산서 목록조회 | | | |
작성일자	승인번호	발급일	전송일자	사업자	홍사업장분	상호	대표자	주소	사업장	상호	합계금액	공급가액
2018-0	018(	00(2018-0		763-65-001		인스	나승호	경기도 화:		가나다	880,000	800,000
2018-0	018(	00(2018-0		763-65-001		인스	나승호	경기도 화:		가나다	270,000	245,455
2018-0	018(	00(2018-0		763-65-001		인스	나승호	경기도 화:		가나다	3,300,000	3,000,000
2018-0	018(	00(2018-0		763-65-001		인스	나승호	경기도 화:		가나다	2,200,000	2,000,000
2018-0	018(	00(2018-0		763-65-001		인스	나승호	경기도 화:		가나다	600,000	545,455
2018-0	018(	00(2018-0		763-65-001		인스	나승호	경기도 화:		가나다	275,000	250,000
2018-0	018(	00(2018-0		763-65-001		인스	나승호	경기도 화:		가나다	380,000	345,455
2018-0	018(	00(2018-0		763-65-001		인스	나승호	경기도 화:		가나다	660,000	600,000
2018-0	018(	00(2018-0		763-65-001		인스	나승호	경기도 화:		가나다	2,860,000	2,600,000
2018-0	018(	00(2018-0		763-65-001		인스	나승호	경기도 화:		가나다	800,000	727,273
2018-0	018(	00(2018-0		763-65-001		인스	나승호	경기도 김:		가나다	660,000	600,000
2018-0	018(	00(2018-0		763-65-001		인스	나승호	경기도 김:		가나다	600,000	545,455
2018-0	018(	00(2018-0		763-65-001		인스	나승호	경기도 김:		가나다	550,000	500,000
											₩14,035,000	

엑셀 파일 상단에는 총 합계금액과 총 공급가액, 총 세액이 나온다. 필터 기능을 이용해 '가나다'라는 회사의 매출 합계금액을 정리하니 '14,035,000원'이 나왔다.

내가 운영하는 회사의 매출은 하드웨어 및 소프트웨어 판매뿐만 아니라 3차원 모델링 용역작업으로도 발생하는데, 여기서는 하드웨어 및 소프트웨어 판매로 발생한 매출의 일부만 집계했기 때문에 상대적으로 매출이 낮은 것이다. 아울러 여기서는 고객 정보를 보호하기 위해 상호명만 변경했고, 매출액과 매출 비중은 실제 자료를 토대로 작성했다.

이처럼 각 회사의 최근 6개월간 총 합계금액(총 매출액)을 쉽게 알 수 있고, 매출 비중이 높은 우수고객사들을 선별할 수 있다. 6개월간의 총 합계금액은 49,830,000원인데, 가나다의 매출 비중은 '(14,035,000÷49,830,000)×100%≒28.17%'이다.

상호	총 매출액(총 합계금액)	매출 비중
가나다	14,035,000원	28.17%
○○정공	7,947,000원	15.95%
다라마 주식회사	7,839,700원	15.73%
AA정보	3,905,000원	7.84%
○○상사	2,819,300원	5.66%
○○정밀	2,794,000원	5.61%
그 외 업체들	10,490,000원	21.05%

내 경우에 전체 고객사는 119개인데, 6개월 동안 상위 6개 고객사가 총 합계금액의 78% 이상을 차지하고 있다. 물론 창업을 하는 업종에 따라 차이가 있겠지만 우수고객에게는 특별히 신경 써야 할 것이다.

나는 우수고객뿐만 아니라 모든 고객의 성향을 크게 네 가지로 분류하고 있는데, 이러한 고객성향분석은 마케팅을 펼치는 데 유용하게 쓰인다.

4가지 성향에 따른 고객성향분석

1. 계약: 3개월 이내에 구매 계약해 줄 고객

2. 소개: 직접 계약해 주지는 않겠지만 3개월 이내에 계약 가능한 고객을 소개시켜 줄 수 있는 고객

3. 잠재: 계약 또는 소개로 분류할 수는 있지만 6개월 이후에 계약 가능성이 있는 고객

4. 돌아설 업체: 앞으로 고객이 될 수 없는 고객

눈치 빠른 분들은 아시겠지만 계약, 소개, 잠재, 돌아설 업체 순으로 매출에 도움이 된다. 그러니 계약 또는 소개 성향이 있는 고객에게는 특별히 신경 써야 할 것이다.

이외에도 고객성향을 분석하는 방법이 많은데, B2B(Business to Business, 기업과 기업 간의 거래)가 아닌 B2C(Business to Consumer, 기업과 소비자 간의 거래)를 주로 하는 소상공인의 경우에는 상권정보시스템을 활용하는 것도 좋은 방법이다.

예를 들면 매장 등을 창업하고자 한다면 소상공인시장진흥공단에서 운영하는 '상권정보시스템(http://sg.sbiz.or.kr)'을 활용하면 좋을 것이다. 소상공인시장진흥공단에서는 소상공인들의 사업에 도움을 주기 위해 카드 사용에 따른 매출 자료와 통계청의 사업체 조사 자료 등에 근거해 고객성향분석 및 상권분석을 하고 있다. 상권정보시스템을 활용하면 자신이 창업하려는 지역의 상권을 알아보고 사업성을 분석할 수 있다.

상권정보시스템 사이트에 접속한 뒤 좌측상단의 '상권정보'를 클릭한다.

상권분석, 경쟁분석, 입지분석, 수익분석 등 네 가지 카테고리 중에서 '상권분석'을 클릭하고 지역과 업종 등을 입력하면 된다.

출처: 소상공인시장진흥공단, 상권정보시스템

상권정보시스템 사이트에 접속하고 회원가입한 뒤 좌측상단의 '상권정보'를 클릭하면 상권분석, 경쟁분석, 입지분석, 수익분석 등 네 가지 카테고리가 나온다. 그중 '상권분석'을 클릭하고 지역과 업종 등을 입력하면 된다.

상권정보시스템의 상권분석을 통해 해당 상권의 유동인구와 거주인구, 직장인구 등의 고객성향을 알 수 있다. 유동인구와 관련해서는 일 평균 유동인구수, 시간대별 유동인구수, 날씨별 유동인구수 등을, 주거인구와 관련해서는 연령 및 성별 인구수, 교육 정도 및 혼인 상태별 인구수, 주택의 유형별 가구수 등을, 직장인구와 관련해서는 업종별 사업체수 및 종업원수 등을 알 수 있다. 이를 기반으로 고객성향분석을 할 수 있다. 해당 상권 및 업종의 평균매출 통계와 추이, 요일별 및 시간대별 매출 비율, 성별 및 연령대별 매출 비율을 알 수 있기 때문이다.

상권정보시스템 사이트에서는 상권분석뿐만 아니라 경쟁분석, 입지분석, 수익분석도 예측해 주는데, 이를 통해 어느 지역에서 어느 업종을 창업하는 것이 유리한지도 알 수 있다. 이 자료를 활용해 창업을 준비한다면 큰 도움이 될 것이다.

예를 들어 종로구 익선동에서 한옥을 리모델링해 한식 음식점을 창업하는 경우에는 다음과 같은 상권분석 결과를 예측할 수 있다.

1. 평가종합

· 제1선택영역

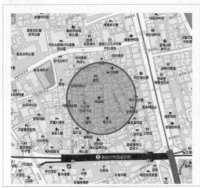

상권등급 : 1등급

기준영역의 상권등급은 총 5등급 중 '1등급' 입니다.

1등급에 가까울수록 상권이 활성화되었다는 것을 의미하며, 이는 상권의 전반적 업종경기와 주변 집객시설, 교통, 여건을 고려하여 평가한 결과입니다.

구분	상권평가지수(100점 만점)			성장성	안정성	영업력	구매력	집객력
	전월	현재	증감률					
내용	75.3	73.7	-2.12% ▼	18.0점	10.1점	14.9점	17.1점	13.6점

분석
결과
· 상권평가지수는 **75.3**점에서 **73.7**점으로 전월 대비 **-2.12%** 하락하였습니다.
· 분석지역은 **성장성**이 높고, 상대적으로 **안정성**이 낮은 것으로 분석됩니다.

　　종로구 익선동 일대에서 한식/백반/한정식 업종의 상권등급은 1등급으로 매우 높다. 상권이 활성화되었기 때문에 성장성이 높다.

출처: 소상공인시장진흥공단, 상권정보시스템

3

사업자에게 절세는
절세무공과 같다

창업하고 매출이 발생하면 세금을 내야 한다. 사업체를 운영
하는 많은 사장들은 세무사 사무실에 매월 일정 금액을 주고
기장을 맡기게 된다. 업종에 따라 차이가 있기는 하지만 일부
업종은 연매출이 7,500만 원 이하인 경우에는 간단한 장부만
작성해도 되는 간편장부대상자에 해당하기 때문에 스스로 세
금 신고를 할 수도 있지만 연매출 7,500만 원 이상인 경우에는
복식부기의무자에 해당하므로 재무제표를 작성해야 한다.

업종	간편장부대상자	복식부기의무자
농업, 임업, 어업, 광업, 도매업, 소매업, 부동산매매업, 기타 업종 등	연매출 3억 원 미만	연매출 3억 원 이상
제조업, 숙박 및 음식점업, 전기·가스·수도사업, 하수폐기물처리·원료재생 및 환경복원업, 건설업, 운수업, 출판·영상·방송통신 및 정보서비스업, 금융·보험업	연매출 1억5천만 원 미만	연매출 1억 5천만 원 이상
부동산임대업, 사업서비스업, 교육서비스업, 보건 및 사회복지사업, 예술·스포츠 및 여가 관련 서비스업, 협회 및 단체, 수리 및 기타 개인서비스업 등	연매출 7,500만 원 미만	연매출 7,500만 원 이상

출처: 국세청

재무제표는 기업의 재무상태와 경영성과를 기록한 회계보고서이다. 재무제표를 통해 기업의 이익과 손실뿐만 아니라 매출원가나 세금납부, 현금흐름 등을 파악할 수 있는데, 재무제표를 이해하기 위해서는 기본적인 세무회계 지식이 있어야 한다.

그렇다면 재무제표는 왜 필요할까? 창업 초기에 금융기관에서 대출받을 때는 개인의 신용등급이나 평점에 의해 대출을 받는다. 사업자등록을 한 이후에 기업의 실적을 알 수 있는 자료가 없기 때문이다. 하지만 사업자등록을 한 뒤 1년 이상 지나면 대부분의 금융기관에서는 신용평가 및 대출가능 여부를 고려하기 위해 재무제표를 요구한다. 재무제표로는 재무상태표, 손익계산서, 현금흐름표, 자본변동표, 주석 등이 있는데, 이러한 서류를 작성하기 위해서는 전문적인 회계 지식이 필요하다.

세무회계 전문가가 아니라면 재무제표를 작성하는 것이 어려우므로 세무사 사무실에 기장 대행을 고려해 보는 것이 좋다. 기장 대행 비용으로 매월 10만 내외가 소요되지만 재무제

재무상태표(계정식)
20X1년 12월 31일 현재

ABC 주식회사 (단위 : 백만 원)

과목	금액	과목	금액
자산		부채	
유동자산		유동부채	
현금및현금성자산	100,000	매입채무	140,000
매출채권	300,000	단기차입금	40,000
…		…	
비유동자산		비유동부채	
매도가능금융자산	150,000	장기차입금	20,000
유형자산	450,000	…	
…		부채총계	200,000
		자본	
		납입자본	100,000
		기타자본구성요소	300,000
		이익잉여금	300,000
		자본총계	800,000
자산총계	1,000,000	부채 및 자본총계	1,000,000

출처: 두피디아(http://www.doopedia.co.kr)

표 등을 놓고 머리를 쥐어짜는 것보다 본업에 신경 쓰는 것이 나을 것이다.

참고로 매월 10만 원가량의 기장 비용이 아깝다면 국세청에서 운영하는 영세납세자지원단을 활용하는 것도 좋다. 영세납세자지원단은 세무사 사무소 등 세무대리인이 없는 사업자가 세금에 대한 고민 없이 생업에 전념할 수 있도록 세금 문제를 해결해 주는 제도이다. 지원 대상은 영세개인사업자뿐만 아니라 모든 개인사업자, 영세중소법인 등이다. 영세납세자지원단에서는 무료로 세무 자문 서비스를 제공한다. 사업자가 창업자 멘토링을 신청하면 세무 도우미로부터 무료로 맞춤형 세무서비스를 제공받을 수 있다. 창업자 멘토링을 희망하는 창업자는 국번 없이 126번에 문의하거나, 국세청 홈텍스 홈페이지에 접속해 '상담/제보'를 클릭하고 '영세납세자지원단'을 클릭한 뒤에 신청하면 된다.

다시 본론으로 돌아오자. 전문가의 도움이 필요하기는 하지만 사업자라면 최소한 한 달에 한 번씩은 매입과 매출 현황을 직접 점검하면서 자금의 흐름을 파악할 필요가 있다. 세무사 사무실에 기장을 맡긴다고 해서 절세를 등한시하면 안 된다. 사업자라면 수입뿐만 아니라 지출도 신경 써야 하는데, 절세 요령이 없다면 쓸데없는 지출을 하게 된다. 기장을 맡기더라도 알고 맡기는 것과 아무것도 모르고 맡기는 것은 분명 차이가 있으니, 기본적인 세무 지식을 습득하는 것이 낫다.

그렇다면 우리가 알아야 할 기본적인 세무 지식은 어떤 것일까? 창업 이후에 매출이 발생하면 기본적으로 세금을 내야 한다. 사업과 관련된 세금에는 소득세, 부가가치세, 원천징수 등이 있다. 사업자라면 이 세 가지 세금에 대해 꼭 알아야 하는데, 국세청 홈페이지(http://www.nts.go.kr)에 올라온 자료를 참조해 설명하겠다.

| 소득세 |

소득세는 우리가 얻은 소득에 대해 부과하는 조세이다. 모든 사업자는 수입이 생기면 소득세(법인세)를 납세해야 할 의무가 있다. 개인사업자는 소득세를 내야 하고, 법인사업자는 법인세를 내야 한다. 개인사업자가 사업을 해서 얻은 소득은 다음 해 5월 1일부터 5월 31일까지(법인사업자의 경우 회계기간에 따라 차이가 있기는 하지만 상당수가 3월 1일부터 3월 31일까지) 소득세(법인세)를 신고 및 납부해야 한다.

소득금액은 다음과 같이 계산한다.

구분		소득금액 계산
장부를 비치 및 기장한 사업자		소득금액=총수입금액-필요경비
장부를 비치 및 기장하지 않은 사업자	기준경비율에 의한 소득금액	소득금액-주요경비-(수입금액×기준경비율) ※주요경비=매입비용+임차료+인건비
	단순경비율에 의한 소득금액	소득금액-(수입금액×단순경비율)

출처: 국세청

　기준경비율 적용 대상자는 직전년도 수입금액의 합계액이 다음 표의 금액보다 많은 사업자로서 장부를 기록하지 않은 사업자를 말한다. 단순경비율 적용 대상자는 직전년도 수입금액의 합계액이 다음 표의 금액보다 적은 사업자와 해당년도에 신규로 사업을 개시한 사업자로서 장부를 기록하지 않은 사업자를 말한다.

　다음 표에 해당하는 업종의 사업체를 운영하면서 다른 업종의 사업체를 복수로 운영하는 경우에는 다음의 계산식에 의해 계산한 수입금액에 따른다.

주업종(수입금액이 가장 큰 업종)의 수입금액+{주업종 외 업종의 수입금액×(주업종의 기준수입금액/주업종 외 업종의 기준수입금액)}

	계속사업자	신규사업자
	직전년도 수입금액	해당년도 수입금액
농업 및 임업, 어업, 광업, 도·소매업, 부동산매매업 및 기타 업종	6,000만 원	3억 원
제조업, 숙박 및 음식점업, 전기·가스 및 수도사업, 건설업, 운수업, 통신업, 금융 및 보험업	3,600만 원	1억 5천만 원
부동산임대업, 사업서비스업·교육서비스업, 보건 및 사회복지사업, 오락·문화 및 운동관련서비스업과 기타 공공·수리 및 개인서비스업, 가사서비스업	2,400만 원	7,500만 원

출처: 국세청

| 부가가치세 |

부가가치세는 상품(재화)의 거래나 서비스(용역)의 제공 과정에서 얻어지는 부가가치(이윤)에 대해 과세하는 세금이다. 부가가치세 과세 대상 사업자는 상품을 판매하거나 서비스를 제공할 때 거래금액에 일정금액의 부가가치세를 징수해 납부해야 한다. 사업자가 납부하는 부가가치세는 매출세액에서 매입세액을 차감해 계산한다.

부가가치세=매출세액-매입세액

부가가치세는 6개월을 과세대상기간으로 하여 신고 및 납부해야 하는데, 각 과세기간을 다시 3개월로 나누어 중간에 예정신고기간을 두고 있다. 부가가치세는 법인사업자의 경우 1년에 4회, 개인사업자는 1년에 2회 신고 및 납부해야 한다. 단, 개인사업자 중 사업부진자, 조기 환급 발생자는 예정신고와 예정고지 세액납부 중 하나를 선택해 신고 또는 납부할 수 있다.

과세기간	과세대상기간		신고납부기간	신고대상자
제1기 1월 1일~ 6월 30일	예정신고	1월 1일~3월 31일	4월 1일~4월 25일	법인사업자
	확정신고	1월 1일~6월 30일	7월 1일~7월 25일	법인사업자, 개인사업자
제2기 7월 1일~ 12월 31일	예정신고	7월 1일~9월 30일	10월 1일~ 10월 25일	법인사업자
	확정신고	7월 1일~12월 31일	다음 해 1월 1일~ 1월 25일	법인사업자, 개인사업자

출처: 국세청

참고로 부가가치세를 줄일 수 있는 방법 하나를 소개하겠다. 개인사업자가 고객에게 현금영수증을 발행하면 부가가치세를 신고할 때 현금영수증 발행금액(부가가치세 포함)의 1.3%를 공제받을 수 있다. 또 현금영수증은 사업자가 사업과 관련한 지출증빙자료로 활용할 수도 있다. 물품 등을 매입하기 위해 현금영수증을 받은 경우에 부가가치세 매입세액을 공제받을 수 있으며, 필요경비로 인정받을 수 있다.

| 원천징수 |

원천징수는 급여소득, 이자소득, 배당소득, 퇴직소득 등을 지급하는 사람이 그 금액을 지급할 때 상대방이 내야 할 세금을 징수하고 납부하는 조세 징수방법이다. 즉 기업이 급여와 배당금 등을 지급할 때 근로자 또는 주주가 내야 할 세금을 대신 납부하는 것을 뜻한다. 원천징수는 납세의무자(근로자)가 개별적으로 해당 세금을 신고 및 납부해야 하는 번거로움을 없애기 위해 원천징수의무자(기업)가 이를 대신 징수 및 납부하도록 하는 제도이다.

예를 들어 기업이 근로자에게 100만 원을 급여로 지급할 때 100만 원 중 원천세(3.3%) 3만 3천 원을 제외한 뒤 지급하고, 3만 3천 원은 원천세를 신고하면서 납부한다.

그렇다면 절세를 하기 위해서는 어떻게 해야 할까? 절세는 불법적인 방법을 동원해 세금을 줄이려는 행위인 탈세와는 다르다. 절세는 합법적이고 합리적으로 세금을 줄이는 행위이다. 따라서 절세를 하려면 세법을 지키면서 세금을 줄일 수 있는 방법을 찾아야 한다. 평소에 소득세와 부가가치세 등의 증빙자료를 꼼꼼히 수집하고 재무제표 등의 회계 장부를 작성해야 한다. 만약 제때에 세금을 납부하지 않으면 가산세를 납부해야 하거나 불이익이 따르므로 유의해야 한다.

세금 낼 돈이 없어서 세금을 납부하지 않으면 그에 따른 가산세가 부과되어 오히려 부담만 늘어날 뿐이다. 만약 사업이 어려워져 세금신고를 못하게 된 경우에는 세금납부 연기를 신청할 수 있다. 기한 내에 세금을 납부하기 힘들면 납부기한 연장 또는 징수유예를 신청하고 세금납부를 연장받으면 된다.

또 정부에서는 세금신고를 성실히 이행하는 사업자에게 조세지원제도도 제공하고 있는데, 이러한 제도를 활용하면 큰 도움이 될 것이다.

세무 관련 지식은 알면 알수록 복잡한 것 같은데, 이 정도만 알고 넘어가도 될 듯하다. 보다 전문적인 내용을 알고 싶거나 절세 노하우 등을 얻고 싶다면 전문가와 상담해 볼 것을 권한다. 소득세(법인세)와 부가가치세를 잘 관리하는 방법은 뒤에서 좀 더 다루기로 하겠다.

4

조언은 구하되
추종자가 되지는 말자

바야흐로 지금은 멘토전성시대다. 오디션 프로그램에서든 장사를 못하는 사람을 도와주는 프로그램에서든 멘토가 등장하고 있다. '멘토(mentor)'는 '신뢰할 수 있는 상담 상대나 지도자, 스승'의 의미를 지닌 단어다. 멘토라는 단어는 고대 그리스의 시인 호메로스의 『오디세이아』에 등장하는 오디세우스가 트로이 전쟁에 출정하면서 아들의 교육을 그의 친구인 멘토에게 맡긴 것에서 유래했다. 오디세우스가 돌아올 때까지 멘토는 그의 아들을 잘 보살폈다.

만약 우리에게도 훌륭한 멘토가 있다면 어떻게 할 것인가?

멘토를 맹목적으로 따라야 할 대상이 아니라 조언자 또는 조력자로 삼아야 한다. 멘토에게 조언은 구하되 그의 추종자가 되어서는 안 될 것이다. 창업을 위해서도 마찬가지다. 창업을 위해 멘토에게 조언을 구할 수는 있겠지만 그가 나를 대신해 책임을 질 수는 없다. 멘토의 조언에 따라 실행에 옮겼더니 결과가 안 좋다고 해서 그 책임을 멘토에게 물을 수는 없지 않겠는가? 크든 작든 사업체를 운영하는 창업자는 모든 책임을 져야 하는 최종 책임자이다. 누구도 나의 책임을 대신해 주지 않는다.

동업으로 창업했는데 사업에 어려움을 겪는 사람들 중 상당수는 동업자를 원망하는 경향이 있다. 동업으로 성공했는데도 동업자가 아니라 자신이 잘나서 잘되었다고 생각하는 사람도 있다. '잘되면 내 탓, 안 되면 동업자 탓'으로 생각하는 것이다.

앞에서도 말했듯이 나 역시 동업한 적이 있는데, 처참히 실패했다. 그때 나는 영업력이 부족했다. 동업자의 능력에 의존한 나머지 끌려 다녔다. 나보다 뛰어난 사람에게는 분명 배울 것이 많지만 맹목적으로 끌려 다니면 절대로 성공할 수 없다. 그런 점에서 볼 때 이 책에서 권하는 모든 방법을 따라할 필요는 없다. 필요하다면 조언으로 삼고 그렇지 않다고 판단된다면 방법을 달리해도 될 것이다.

창업을 꿈꾸는 우리에게 경험 많은 조언자 또는 조력자가 분명 필요하다. 하지만 멘토가 걸어온 대로 똑같이 걸어갈 필요는 없다. 대신에 우리가 미처 살피지 못하는 것들에 대해 멘토에게 조언을 구할 필요는 있다. 나보다 경험 많은 사람이 건네는 말은 피가 되고 살이 될 수 있기 때문이다.

창업을 준비하는 우리에게 좋은 조언이 될 만한 글이 있다. 정광호의『CEO 경영우언』에 실린 글을 소개하고 싶다.

| 한단에서 걸음을 배우다

전국시대 조나라 한단 사람들의 걷는 자세가 매우 아름다웠다. 북쪽 연나라의 한 청년이 먼 길임에도 불구하고 한단 사람들의 걸음걸이를 배우기 위해 찾아왔다.

그는 매일 큰길에 나가 한단 사람들이 어떻게 걷는지 관찰했다. 그리고 그들의 뒤를 따르며 걸음걸이를 모방했다. 때로는 이 사람의 뒤를 따르며 몇 걸음 배우고 또 때로는 저 사람의 뒤를 따르며 몇 걸음 배우고…. 그러나 아무리 배워도 도무지 그들과 비슷해지지가 않았다.

그는 속으로 생각하기를 걸음걸이가 잘 배워지지 않는 원인이 아마도 자신의 습관을 버리지 못하기 때문이라고 생각했다.

그래서 그는 자신의 습관을 버리고 걷는 방법을 처음부터 다시 배우기로 작정했다.

그러나 배우면 배울수록 걸음걸이가 더욱 이상해져갔다. 몇 달을 쉬지 않고 배웠으나 한단 사람들의 걸음걸이를 배우지 못한 것은 물론 마침내 자신의 걸음걸이조차 잊어버리게 되었다. 그리고 가지고 온 돈도 이미 다 써버려 집으로 돌아가야 했다. 그러나 그는 이미 걷는 법을 잊어버려서 네 발 달린 짐승처럼 엉금엉금 기어서 돌아갈 수밖에 없었다.

편집자 생각: 줏대 없이 남의 것을 기계적으로 배우려는 사람은 남의 것을 제대로 배우지 못한 것은 물론이요, 자신이 원래 할 수 있었던 것도 잊어버리게 된다.

『성공하는 사람들의 습관』, 『성공하는 사람들의 시간관리』 등은 성공을 위한 조언을 담아낸 좋은 책이다. 하지만 이 책을 읽고 그대로 따라하는 것은 바람직하지 않을 것이다. 성공한 사람들의 방식을 참조는 하되 모방해서는 안 될 것이다. 성공학 관련 도서들을 나만의 방식을 만들기 위한 조언을 담은 책 정도로 받아들이면 어떨까?

제 5 장

멀리 가려면
멀리
내다보자

1

실현 가능한 목표를 세우자

　지금까지 우리는 창업에 실패하는 이유도 살펴보았고, 주아이템과 부아이템도 선정했으며, 고객의 성향을 분석하는 방법과 절세하는 방법 등을 알아보았다. 그리고 창업을 준비하면서 '잘될 거야'라는 막연한 기대감을 버리고, 어려움에 부딪힐 때를 대비해 배수진을 설정해야 한다고 했다.

　앞에서 우리는 '내가 생각하는 배수진'을 표로 정리해 보았다. '내가 납품 혹은 판매하는 아이템의 마진율은 평균 몇 %인가?', '내가 원하는 수익만큼 벌려면 아이템을 한 달에 몇 개 정도 팔아야 할까?' 등 마지노선을 정하고, 이 목표를 충족하지 못하면 절대로 안 된다고 자기 자신과 약속했다. 그리고 이제부터는 이 약속을 배우자와 가족이나 가까운 친인척 혹은 지인과도 해보자. 자기 자신뿐만 아니라 다른 사람과 약속한다면, 그것을 반드시 지키려는 의지가 더 강해진다.

그런데 나는 그렇게 하지 못했다. 나와의 약속을 지키지 못했을 때 '괜찮아. 곧 괜찮아질 거야'라고 생각하며 느슨해졌다. 만약 이런 나의 나태함을 다그쳐주는 사람이 있었다면 어땠을까? 주위 사람들에게 '내가 생각하는 배수진'을 공개하지 않았고, 주위 사람의 조언을 귀담아듣지 않았기에 나는 쓰디쓴 좌절을 맛보았다. 결국 사업 실패로 나뿐만 아니라 주위 사람들까지 고통스럽게 했다. 가족에게 물질적, 정신적 피해를 준 것이다.

우리는 '내가 생각하는 배수진'을 주위 사람과 공유해야 한다. 기혼자라면 '내가 생각하는 배수진'을 정할 때 배우자와 함께해야 한다. 예를 들어 '내가 시작하려는 창업의 최소 필요 자금은 얼마일까'를 정할 때 배우자와 상의하는 것이 바람직하다. 집안 사정을 고려하지 않고 제멋대로 창업 자금의 규모를 정해서는 안 될 것이다. 통장에 있는 잔고나 대출 등을 활용해 창업 자금을 마련하려 하는데, 배우자의 동의 없이 마음대로 돈을 쓰려 한다면 가정불화가 생길 수도 있다. 미혼자라면 부모님 또는 형제자매와 생각을 공유하는 것이 좋다.

'멀리 가려면 함께 가라'는 말이 있다. 혼자가 아니라 여럿이 머리를 맞대면 지혜가 샘솟는다. 그래서 우리는 주위 사람의 조언에 귀 기울일 필요가 있다.

그런데 나는 주위의 조언을 무시한 적이 너무 많았다. 지금으로부터 10여 년 전에 나는 여섯 번째 창업으로 하드웨어와 프로그램을 판매하는 인터넷 쇼핑몰을 준비했다. 지금도 그렇지만 당시에는 프로그램 판매업계에서 공동구매가 활성화되지 않았는데, 나는 공동구매를 하는 인터넷 쇼핑몰을 만들려 했다. 당시에 알고 지내던 컴퓨터 관련 협력업체가 있었는데, 그 협력업체의 과장님에게 내 창업 아이템에 대해 말해 주었더니 다음과 같은 반응을 보였다.

"공동구매 방식의 쇼핑몰은 다른 곳에서 시도해 보지 않았으니, 새로운 아이템이 될 것 같네요!"

그 이야기를 듣고 나는 다음과 같이 확신했다. 일단 IT 제조업체에서 필요한 제품을 공급받아 인터넷 쇼핑몰에 올리면 필요한 고객이 구매하도록 할 것이다. 그러면 정확한 구매수량을 알 수 있으니, 재고를 안고 가지 않아도 된다. 공동구매 형태로 판매가 잘되면 제조업체에게 제품을 대량으로 매입할 수 있으니, 소량을 매입할 때보다 저렴한 금액으로 매입할 수 있다. 또 고객은 시세보다 저렴한 금액으로 구매할 수 있으니, 고객에게도 이익이다. 공동구매는 나뿐만 아니라 제조업체와 고객에게도 이익인 판매방식이다.

이러한 생각으로 나는 컴퓨터 관련 하드웨어뿐만 아니라 프로그램까지 공동구매 방식으로 판매하는 인터넷 쇼핑몰을 준비했다. 우선 주위를 물색해 홈페이지 제작자를 구한 뒤, 홈페이지부터 만들기 시작했다. 그리고 세무서에 방문해 통신판매 사업자등록도 했다.

이렇게 창업을 준비하는 과정에서 나는 주위 사람들에게 사업계획을 이야기했다. 그런데 주위의 반응은 회의적이었다.

"고객은 어떻게 모을 거니?"

"제조업체로부터 한 달에 몇 개의 아이템을 공급받을 수 있을까?"

주위 사람들이 의심쩍은 표정으로 질문해 오면 나는 이렇게 답변했다.

"일단 쇼핑몰이 오픈되면 고객은 당연히 오게 되어 있지. 싸게 살 수 있는데 안 올 이유가 없어. 아이템은 쇼핑몰을 오픈한 뒤에 늘려도 돼. 쇼핑몰을 오픈하자마자 판매할 제품은 확보해 놓았으니까……."

주위 사람들이 뼈가 되고 살이 되는 조언을 건네주었지만 나는 안일하게 생각했다. 나는 자신 있게 말했다.

"워크스테이션 컴퓨터를 한 대만 팔아도 10만 원 이상 남길 수 있어. 공동구매로 고객을 30명만 모아도 300만 원을 벌 수 있지. 300만 원이면 회사에서 받는 월급보다 많아."

나는 컴퓨터뿐만 아니라 다른 제품들도 판매하려 했으니, 쇼핑몰에 올려놓은 제품의 공동구매 수량이 어느 정도 충족되면 된다고 생각했다. 매달 컴퓨터 공동구매를 한 건만 성공시키더라도 직장생활을 할 때보다 성공할 거라고 확신했던 것이다.

만약 이때 주위의 조언을 한 번이라도 귀담아들었다면 어떻게 되었을까? 주위에서 마진율의 중요성을 이야기해 주었는데도, 나는 신경 쓰지 않았다. 나는 단순무식한 계산을 했다. 공동구매로 소비자가격 150만 원짜리 컴퓨터를 100만 원에 공급받아서 110만 원에 팔아도 10%의 마진율을 챙길 수 있다고 생각했다. 하지만 제2부의 「꽃길만 걸을 거라고? 가시밭길 위에 나를 세우자!」에서 마진율 계산식을 알려드린 바 있는데, 나는 마진율 계산을 잘못한 것이다.

마진율=(판매가격-공급가액)/판매가격×100%

판매가격=공급가액/(1-마진율)

나는 공급가액 100만 원짜리 컴퓨터를 110만 원에 판매해

10%의 마진율을 챙기려 했는데, 내가 생각한 판매가격과 공급가액을 고려하면 실제 마진율은 '(1,100,000-1,000,000)/1,100,000×100%=9.09%'이다. 또 마진율이 10%가 되려면 판매가격은 '1,000,000/(1-0.1)=1,111,111원'이 되어야 한다. 내가 생각한 마진율과 실제 마진율은 1%가량 차이가 있는데, 1%는 매우 큰 차이다.

이처럼 마진율도 정확히 계산하지 못했으니, 내가 원하는 마진만큼 벌려면 아이템을 한 달에 몇 개 정도 팔아야 할지 계산하는 것도 무의미해졌다. 마진율을 정확히 계산하고 최소한 한 달에 몇 개를 판매해야 할지 마지노선을 정해야 했는데, 모든 것을 망쳤다. 결국 실제로는 적은 마진을 챙기면서 뒤늦게 후회했다.

세상에 완벽한 인간은 없다. 우리는 완벽하지 않기 때문에 서로 머리를 맞대고 지혜를 모아야 한다. 하지만 인간에게는 보고 싶은 것만 보고, 듣고 싶은 것만 듣는 확증편향이 있는데, 대개 창업을 두세 달 정도 앞둔 시점에서 확증편향에 사로잡힌다.

우리는 제2부에서 '내가 생각하는 배수진'을 표로 만들었을 것이다. 이제 주위 사람에게 조언을 구하고, 앞에서 만든 표를 다음과 같이 수정해 보자.

주위 사람에게 조언을 구한 뒤에 정하는 '내가 생각하는 배수진'	답변
한 달에 필요한 금액은 얼마인가?	
내가 납품 혹은 판매하는 아이템의 마진율은 평균 몇 %인가?	
내가 원하는 마진율만큼 벌려면 아이템을 한 달에 몇 개 정도 팔아야 할까?	
내가 시작하려는 창업의 최소 필요 자금은 얼마일까?	
내가 창업을 시작하고 버틸 수 있는 자금은 얼마인가?	
한 달 고정비용은 얼마나 들어갈까?	
창업을 시작하고 버틸 수 있는 자금과 고정비용 등을 고려하면 한 달에 최소한 매출을 얼마나 올려야 하는가?	
최소 수익으로 버틸 수 있는 기간이 지난 후 과감히 창업을 접고 다음을 기약할 수 있을까?	

2
끌리는 회사소개서와
제안서는 뭐가 다른 걸까?

　앞에서 우리는 주아이템과 부아이템을 선정하는 방법을 알아보았다. 주아이템은 '남들이 잘된다는 것'보다는 '자신이 가장 잘하는 일'과 관련된 것으로 선정해야 하고, 주아이템만으로 부족하다면 부아이템도 선정해야 한다. 이제부터는 우리가 선정한 주아이템과 부아이템에 대해 평가받아야 한다.

　모든 아이템은 시장의 반응에 따라 운명이 달라진다. 시장의 반응이 좋으면 사업이 성장하고, 그렇지 못하면 자연도태된다. 우리가 선정한 주아이템과 부아이템이 성공하려면 고객의 반응이 좋아야 한다.

우리가 하루 일과를 마치고 집으로 돌아오면 현관문 앞에는 전단지가 덕지덕지 붙어 있을 것이다. 음식점을 비롯해 학원, 헬스클럽, 마트 등 아이템을 팔기 위해 홍보하는 전단지 말이다. 대부분의 전단지는 고객의 버림을 받고 휴지통으로 직행하지만 유독 눈에 띄는 것들은 고객을 사로잡는다. 고객을 사로잡는 전단지는 광고문구와 디자인 등도 우수하지만 고객의 심리를 잘 반영한 것 같다. 고객은 '이 아이템은 내게 정말 유용하겠구나' 싶어야 지갑을 연다. 이처럼 전단지 하나라도 그것을 접하는 고객의 반응에 따라 명암이 갈린다.

제조업이든 서비스업이든 모든 창업자는 고객을 사로잡아야 성공할 수 있는데, 21세기에는 고객의 의견이 잘 반영된 아이템이 시장에서 좋은 반응을 얻는다. 그래서 얼마 전부터 기업들은 제품 개발 단계에서부터 고객을 끌어들이고 있다.

앨빈 토플러는 『제3의 물결』에서 "21세기에는 생산자와 소비자의 경계가 허물어질 것"이라고 말하면서 새로운 소비자인 '프로슈머(prosumer)'가 등장할 것이라고 예측했다. '프로슈머'는 '생산자'를 뜻하는 '프로듀서(producer)'와 '소비자'를 뜻하는 '컨슈머(consumer)'의 합성어인데, '생산에 참여하는 소비자'를 의미한다. 프로슈머는 소비만 하는 수동적인 소비자가 아니라 제품의 생산 및 개발에도 참여하는 능동적인 소비자이다. 21세기의 기업들은 소비자가 아이템의 개선점을 요구하면 이를 반영한다.

예를 들어 구글은 스마트폰 안드로이드의 소스코드를 오픈소스 라이선스인 아파치 V2 라이선스로 배포해 사용자가 안드로이드 프로그램을 제멋대로 개발 및 변형해 사용할 수 있도록 했다. 구글은 크롬 브라우저를 오픈소스 라이선스 방식으로 개발하기도 했다. 또 마이크로소프트는 자사의 제품을 개발하는 데 도움을 주는 소비자를 MVP로 선정했다. MVP는 전 세계의 MVP들과 함께 마이크로소프트의 중역과 만날 수 있는 'MVP 서밋'에 참석할 수 있고, 마이크로소프트의 기술 세미나에도 참석할 수 있다. 중국의 샤오미는 스마트폰 운영체제인 MIUI 웹사이트에 소비자들이 오류나 개선방안 등에 대해 다양한 의견을 올리면, 매주 금요일마다 MIUI 웹사이트를 업데이트하는 데 반영한다.

이처럼 생산자와 소비자의 경계가 허물어지는 시대에 살고 있는 우리는 소비자를 아이템을 개발하는 단계에서부터 참여시켜야 한다. 대개의 사업자는 전단지를 만들어 배포하기 전에 여러 개의 시안 중 하나를 고르는데, 이때 사업자 자신만 결정권을 갖는다. 사업자 한 사람만의 의견이 반영되는 것이다. 하지만 그런 식으로는 소비자의 의견이 제대로 반영되지 못한다.

우리는 개인 또는 단체 고객을 사로잡기 위해 전단지와 회사소개서, 제안서 등을 만드는데, 이때에도 고객의 의견을 반영하는 것이 유리할 것이다. 이러한 생각으로 나는 회사소개서와 제안서 등을 만들었다. 다음에 소개하는 방법이 모든 업종과 업태에 적용되지는 않겠지만 필요하다고 판단되면 이 방식을 참조하기 바란다.

단체 고객을 대상으로 하는 회사소개서와 제안서 등을 만들 때는 다음과 같이 4단계로 구성하는 것이 좋다. 참고로 다음에 예로 들은 회사소개서와 제안서 등은 내가 만든 것들이다.

1. 회사소개(설립 의도와 콘셉트): 다른 회사와 비교해 우리 회사가 가장 잘하는 일이 무엇인지 담아낸다.

2. 아이템 소개 1(아이템의 필요성): 기존 제품이나 서비스와 비교해 왜 우리 회사의 아이템이 필요한지 설명한다.

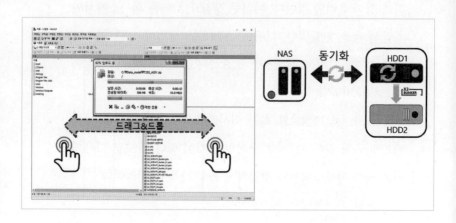

3. 아이템 소개 2(아이템의 장점): 고객이 우리 회사의 아이템을 선택한 다면 무엇이 좋은지 설명한다.

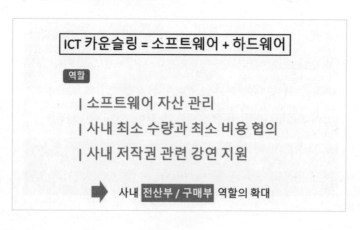

4. 마무리(고객의 선택을 위한 제안): 고객을 사로잡기 위한 최종적인 제
   안을 건넨다.

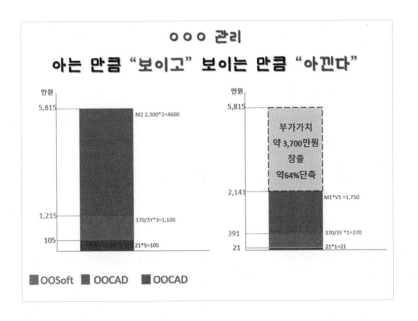

 이 회사소개서와 제안서 등은 4~5페이지짜리로 보이겠지만
실제로는 여러 장으로 구성되어 있고 상황에 따라 다르게 수정
한다. 만약에 요약본이 필요하다면 4페이지로 구성해도 될 것
이고, 보다 자세한 내용을 담고 싶다면 여러 장으로 구성해도
될 것이다. 또 내 경우에는 회사소개서와 제안서 등을 4단계
로 구성했지만 3단계로 구성해도 무방할 것이다. 단, 중요한 것

은 회사의 콘셉트와 장점 등을 최대한 잘 살려내야 한다. 또 고객의 우리 회사의 아이템을 선택하면 어떤 이익이 생길지를 잘 담아내야 한다.

그리고 무엇보다 중요한 것은 전단지와 회사소개서, 제안서 등을 만들 때에 고객의 의견을 반영해야 한다. 나는 회사소개서와 제안서 등의 초안이 완성되면 그것을 들고 앞으로 고객이 될 수 있는 사람들과 만난다. 고객을 단순한 소비자가 아니라 프로슈머라고 생각하기 때문이다. 회사소개서와 제안서 등에 고객의 의견이 반영되도록 하면, 고객은 우리 회사에 애정이 생긴다.

여러 번의 실패를 경험했던 나는 사전영업이 필요해서이기도 했지만 회사소개서와 제안서를 만들면서 고객을 참여시켰다. 하지만 나는 무조건 호의적으로 대해 주는 사람보다는 객관적이고 냉정하게 평가해 줄 수 있는 사람을 찾아갔다. 왜 그랬을까? 호의적으로 대해 주는 사람에게는 개선점을 기대하기 힘들다. 그런 사람들에게는 "좋다"는 말만 듣게 될 뿐이다. 또 모든 사람이 그런 것은 아니지만 속으로는 만족하지 않지만 겉으로는 긍정적으로 평가하는 사람도 있다. 이런 사람들은 이렇게 말한다.

"좋습니다. 나중에 연락드릴게요."

하지만 '나중에'가 언제가 될지 모른다.

반면에 객관적이고 냉정하게 평가해 주는 사람을 만나면 내가 미처 몰랐던 문제점들을 깨달을 수 있었다. 예를 들면 우리 회사만 제공하는 줄 알았던 프로그램 교육 서비스를 다른 회사에서도 이미 하고 있다는 쓴소리를 건네는 고객도 있었다. 이런 쓴소리를 받아들인 덕분에 다른 회사와 차별화된 서비스를 개발할 수 있었다. 자신의 쓴소리가 반영된 아이템을 들고 다시 찾아갔더니, 이렇게 말해 주는 고객도 있었다.

"그래, 제가 원한 게 바로 이겁니다. 당장 계약합시다!"

회사소개서와 제안서 등을 들고 고객과 만날 때는 최소한 3명 이상 만나는 것이 바람직할 것이다. 그래야 객관적인 시장의 반응을 살필 수 있다. 그리고 가능하다면 내가 하려는 일과 유사한 일로 자리 잡은 사업 선배와 만나는 것도 좋다. 그들에게 자문을 구하면 좀 더 완벽한 회사소개서와 제안서를 만들 수 있다.

내 경우에는 지금 운영하는 회사를 창업하기 전에 프린트한 문서와 노트북 등을 준비하고 20여 고객사를 찾아갔다. 노트북은 문서의 내용을 프레젠테이션하기 위해 준비했다.

여러 고객사를 상대로 프레젠테이션을 하다 보니 고객의 반응은 크게 두 가지였다. 잘될 거라고 박수를 보내는 고객도 있었고, 회의적인 반응을 보이는 고객도 있었다. 하지만 나는 회의적인 반응을 보이는 사람에게 실망하기보다는 그 이유를 물었다. 상대가 건넨 말들을 일일이 메모했고, 사람들과 만날 때마다 공통적으로 언급된 문제점이 있다면 간과하지 않았다.

나는 개선점을 반영한 이후에 다시금 그들과 만났다. 2차로 프레젠테이션을 한 것이다. 물론 "전보다 좋아졌다"는 평가를 들을 수 있었는데, 간혹 또 다른 문제점을 언급하는 사람도 있었다. 이 경우에도 일일이 메모했고, 최종 회사소개서와 제안서를 완성할 수 있었다.

결과적으로 고객을 사로잡는 회사소개서와 제안서를 만들게 되었고, 프레젠테이션 실력까지 늘게 되었다. 또 이전에는 회의적인 반응을 보였던 고객들과 구매계약서를 작성할 수도 있었다.

덧붙이자면 사업가는 고객의 요구에 따라 끊임없이 변화해야 한다. 창업 이후에도 회사소개서와 제안서를 수정해야 한다. 고객을 만나면서 개선점을 찾기 위해서는 다음과 같은 질문을 스스로에게 던져야 한다.

질문	답변
고객들은 주아이템과 부아이템에 대해 몇 점을 주고 있는가?	
고객들이 주아이템과 부아이템과 관련해 가장 많이 거론한 장점은 무엇인가?	
고객들이 주아이템과 부아이템과 관련해 가장 많이 거론한 문제점은 무엇인가?	
고객사뿐만 아니라 내가 하려는 일과 유사한 일로 자리 잡은 창업 선배도 만나 보았는가?	
만약 그런 분과 만났다면, 그분이 건넨 조언은 무엇인가?	
사업계획서와 제안서, 프레젠테이션 등에서 개선해야 할 것은 무엇인가?	

3
사무실, 나는 시세보다 싸게 구한다

경제학에서는 '자원의 희소성'을 이야기한다. 인간의 욕망은 무한하지만 그 욕망을 충족시켜줄 수 있는 경제적 자원이 상대적으로 부족하기 때문에 '자원의 희소성'이 생긴다는 것이다. 경제학은 자원의 희소성을 이야기하면서 경제 행위와 경제 원칙에 대해 다음과 같이 정의한다. 경제 행위는 한정된 자원을 합리적으로 이용해 최대의 만족을 얻기 위한 것이고, 경제 원칙은 최소의 비용이나 희생으로 최대의 효과를 거두는 것을 목표로 하는 것이라고.

사업을 경제적으로 하려면 최소의 비용으로 최대의 이윤을 창출해야 하는데, 사무실 등의 사업장을 마련하기 위해서는 비용이 들 수밖에 없다. 번듯한 자기 건물이 있지 않다면 사무실을 임대해야 하는데, 당연히 매달 임대비용이 들게 된다.

그런데 창업을 시작하면 사장이 될 거라는 기대감에 번듯한 사무실을 갖고 싶어 한다. 물론 사무실이 넓을수록 임대비용도 상승한다.

좋은 사무실에서 멋지게 시작하고 싶은 마음은 충분히 이해하지만 우리는 사업을 경제적으로 해야 한다. 가능하다면 사무실을 다른 사람과 공동으로 사용해 임대비용을 줄이는 것이 좋을 것이다. 같은 업종의 사업자와 사무실을 함께 사용한다면 유용한 정보를 공유할 수도 있을 것이다.

여하튼 사무실 비용은 매달 고정비용으로 지출되기 때문에 사업자에게 가장 큰 부담이 된다. 그래서 많은 사업자들이 이렇게 말한다.

"임대료만 안 낼 수 있다면 그럭저럭 버텨는 보겠는데……."

다행히 요즘에는 정부기관에서 사무실을 지원해 주거나 여러 지자체에서 1인 창업 사무실과 사무 집기 등을 지원해 주고 있다. 그에 대해 알아보기 전에 우선 우리에게 어떤 사업장이 필요한지 생각해 보기로 하자.

고객과의 미팅 등으로 운전을 많이 해야 하거나 손님이 많이 찾아오는 경우라면 주차공간이 확보되어야 좋을 것이다. 또 사업장이 집과 멀지 않아야 길에서 보내는 시간을 최소화할 수 있을 것이다. 중소기업청과 창업진흥원이 발간한 「2016년 창업기업 실태조사 최종보고서」에 따르면 절반 이상의 창업자들이 소비자(고객)의 접근이 용이한 곳을 사업장으로 선호

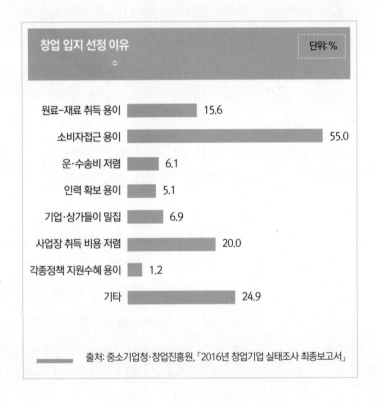

창업 입지 선정 이유   단위: %

원료-재료 취득 용이   15.6
소비자접근 용이   55.0
운·수송비 저렴   6.1
인력 확보 용이   5.1
기업·상가들이 밀집   6.9
사업장 취득 비용 저렴   20.0
각종정책 지원수혜 용이   1.2
기타   24.9

출처: 중소기업청·창업진흥원, 「2016년 창업기업 실태조사 최종보고서」

하고 있다.

자, 그럼 이제부터 사무실을 시세보다 싸게 얻을 수 있는 방법을 소개하겠다.

첫째, 가족 혹은 지인 중에 사무실을 무상으로 임대해 줄 수 있는 사람이 있다면 무상임대를 하면 된다. 주위에 사업을 하는 분이 있고 사무실에 어느 정도 여유 공간이 있다면, 무상임대를 하는 것도 좋은 방법이다. 이 경우에는 무상임대확인서를 작성해야 하는데, 무상임대확인서는 말 그대로 무료로 사무실을 쓰도록 허락한다는 확인서이다. 사업자등록을 하려면 사업장이 있어야 하는데, 무상으로 사무실을 사용하는 경우에는 사무실(부동산) 소유자의 동의를 받아 무상임대확인서를 작성한 뒤 제출하면 된다.

인터넷을 통해 다양한 무상임대확인서 양식을 얻을 수 있는데, 소재지와 임대인, 임차인 정보만 들어가면 된다. 무상임대확인서로 사업자등록을 신청하면 해당 세무서에서 사무실(부동산) 소유자에게 전화를 걸어 확인 절차만 거친다.

[무상임대확인서]

건물의 표시	소재지						
	구조		용도		면적		m²

위 부동산에 대한 임대인 _____은 임차인 _____에게

_____년 ___월 ___일부터 _____년 ___월 ___일까지

무상으로 임대하였음을 확인합니다.

임대인	주소				
	주민등록번호		전화번호	성명	(인)

임차인	주소				
	주민등록번호		전화번호	성명	(인)

첨부서류 : 건물등기부등본 1통

출처: 네이버

둘째, 중소벤처기업부에서 주관하고 한국창업보육협회에서 운영하는 창업보육센터를 활용하자. 창업보육센터는 기술과 아이디어는 있지만 창업 여건이 취약해 사업화에 어려움을 겪고 있는 창업초기기업(예비창업자)을 일정기간 입주시켜 기술개발에 필요한 범용기기 및 사업장을 제공하고, 기술 및 경영 자문, 자금 등을 지원하고 있다.

현재 전국에서 263개의 창업보육센터가 운영되고 있는데, 창업보육센터의 입주기간은 최초 입주일로부터 6개월 이상 5년 이내이다. 단, 생명공학, 나노공학 등 첨단기술업종 창업자의 경우에는 최초 입주일로부터 7년 이내까지 입주할 수 있고, 최대 2년간 입주기간을 연장할 수 있다. 참고로 창업보육센터에 입주할 수 없는 업종은 다음과 같다.

- 금융 및 보험업
- 부동산업
- 숙박 및 음식점업(호텔업, 휴양콘도 운영업, 기타 관광숙박시설 운영업 및 상시근로자 20명 이상의 법인인 음식점업은 제외한다.)
- 무도장운영업
- 골프장 및 스키장운영업
- 기타 갬블링 및 베팅업

전국 창업보육센터 현황 찾으시려는 지역을 지도 및 검색을 통하여 선택해주세요.

전국 센터 수

서울	경기	인천	강원	대전	세종	충남	충북	부산
33	51	5	14	14	3	15	15	17
울산	대구	경북	경남	전북	광주	전남	제주	합계
1	12	22	17	15	12	13	4	263

출처: 창업보육센터 홈페이지

창업보육센터에 입주하면 임대료가 일반 사무실에 비해 저렴하고 기술 및 경영 자문, 자금 등을 지원받을 수 있다. 또 여러 세제해택도 받을 수 있다.

● 기술 부문

기술개발, 기술이전 및 평가, 디자인개발지원, 시제품 제작, 시험, 검사, 장비지원, 애로기술 지원(전문가 POOL), 보육닥터, 생산공정 관리 등

● 경영 부문

사업계획서 작성 및 타당성 검토, 비즈니스모델 및 전략수립,

경영진단, 사업진행도 평가, 재무, 세무, 회계, 홍보, 시장조사, 판로, 마케팅, 해외판로 지원, 아웃소싱, 교육지원, 법인 및 공장 설립지원, 법률자문, 특허지원, 정보제공 등

● 행정 부문

입주 및 졸업기업 간 네트워크 지원, 업무공간 제공 및 관리, 공단입주 등 지자체와의 연계, 사무장비(팩스, 복사 등) 지원, 회의실, 휴게실 제공, 창고/보관 시설, 주차/보안서비스, 전산시스템 지원, 사업 관련 유료 DB 지원 등

● 자금 부문

정부 및 유관기관 정책자금 정보 제공, 투자(IR) 지원, 엔젤클럽 정보 지원

각 지역의 창업보육센터에 입주하기 위해서는 다음과 같이 하면 된다. 창업보육센터 홈페이지(www.bi.go.kr)에 접속한 뒤 상단의 '정보마당'을 클릭하고, 원하는 지역의 창업보육센터를 검색하면 된다. 입주비용이나 관리비, 모집 일정 등은 각 센터마다 다르기 때문에 해당 센터에 직접 연락해 문의하는 것이 좋다. 일 년 임대료를 한꺼번에 내는 경우도 있고, 매월마다 내

는 경우도 있으니 원하는 센터에 확인해 봐야 한다.

참고로 입주 절차는 다음과 같다.

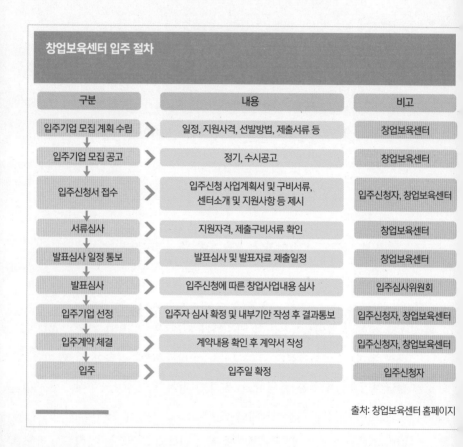

창업보육센터 입주 절차

구분	내용	비고
입주기업 모집 계획 수립	일정, 지원사격, 선발방법, 제출서류 등	창업보육센터
입주기업 모집 공고	정기, 수시공고	창업보육센터
입주신청서 접수	입주신청 사업계획서 및 구비서류, 센터소개 및 지원사항 등 제시	입주신청자, 창업보육센터
서류심사	지원자격, 제출구비서류 확인	창업보육센터
발표심사 일정 통보	발표심사 및 발표자료 제출일정	창업보육센터
발표심사	입주신청에 따른 창업사업내용 심사	입주심사위원회
입주기업 선정	입주자 심사 확정 및 내부기안 작성 후 결과통보	입주신청자, 창업보육센터
입주계약 체결	계약내용 확인 후 계약서 작성	입주신청자, 창업보육센터
입주	입주일 확정	입주신청자

출처: 창업보육센터 홈페이지

셋째, 스타트 업을 준비하는 창업자라면 중소벤처기업부에서 주관하고 창업진흥원에서 운영하는 K-스타트업 홈페이지(www.k-startup.go.kr)에 접속하자. K-스타트업 홈페이지에 접속한 뒤 상단의 '시설·공간'을 클릭하면 사업장뿐만 아니라 다

출처: K-스타트업 홈페이지

양한 창업 지원 정보도 얻을 수 있다.

　끝으로 가까운 곳에 공구상가가 있다면 공구상가의 2, 3층도 사무실로 쓰기에 적합하다. 공구상가의 2, 3층은 임대비용도 저렴하고 주차시설도 잘되어 있는 편이다.

4
회사이름과 로고가 운명을 좌우한다

요새는 한글로 이름을 짓는 경우도 있지만 많은 사람들이 한자로 이름을 짓는다. 동양철학에 따르면 음양오행(陰陽五行)과 생년월일시(生年月日時) 등을 고려해 이름을 지어야 하는데, 자신에게 맞지 않는 한자를 이름으로 쓰면 운이 풀리지 않을 수도 있다. 그래서 많은 사람들이 이름을 지을 때 작명가의 도움을 받는다.

우리는 사업체의 이름을 지을 때도 많은 고민을 한다. 예비창업자들의 대부분은 회사이름을 여러 개 생각해 놓고, 그중 하나를 정하려 한다. 사람에게 이름이 중요한 만큼 회사에게도 이름이 중요하다고 생각하기 때문이다. 그렇다면 회사이름을 잘 짓기 위해서는 어떻게 해야 할까?

우리는 제품 또는 서비스를 선택할 때 브랜드 이름을 고려하곤 한다. 휴대폰을 살 때는 삼성과 애플 등 브랜드(회사)를 따지고, 피자 한 판을 주문할 때는 선호하는 브랜드를 선택한다. 평소에 선호하는 브랜드에서 신제품을 출시하면 한 번쯤은 관심을 갖는데, 기업이 사회적 물의를 일으키는 등 특별한 경우를 제외한다면 브랜드 선호도는 쉽사리 바뀌지 않는다. 이처럼 시장에서 이름을 널리 알리면 고객을 사로잡을 수 있는데, 그러기 위해서는 우선 회사이름부터 잘 지어야 할 것이다.

일반적으로 회사이름에는 제품 및 서비스 등과 관련된 단어를 포함시키곤 한다. 우리나라 대표기업인 '현대자동차'의 이름에는 '현대'라는 기업의 브랜드와 '자동차'라는 제품을 제조한다는 의미가 담겨 있다. '삼성전자'라는 이름은 '삼성'이라는 브랜드와 '전자'라는 제품 및 서비스가 결합된 것이다. 또 YG 엔터테인먼트와 한경희생활과학, 허쉬초콜릿 등 회사이름에 창업자의 이름을 포함시키는 경우도 있다. 이처럼 회사이름에 제품과 서비스, 창업자의 이름 등을 포함시키곤 하는데, 회사이름은 회사의 운명을 좌우하기 때문에 사람이름 못지않게 잘 지어야 한다.

그런데 어떤 사람들은 사업이 안 될 때마다 회사이름을 자주 바꾸는데, 그렇다고 해서 사업이 잘되는 것은 아니다. 또한 이름을 바꿀 때마다 고객에게 설명해야 하고, 거래처에 일일이 상호명이 변경된 사업자등록증을 전달해야 하는 등 여러 모로 불이익이 따른다. 회사이름은 한 번 지으면 오래도록 사용해야 하니 신중히 정해야 한다.

좋은 회사이름에는 창업자의 기업가정신과 제품 및 서비스의 특성 등과 관련된 스토리가 담겨 있다. 다음에 소개하는 회사이름들은 우리가 익히 아는 것들인데, 위키백과를 참조해 이 이름들에 얽힌 스토리를 소개하고자 한다.

구글(Google)

구글의 공동 창업자 세르게이 브린과 래리 페이지는 새로운 인터넷 검색 서비스를 목표로 하고 있었다. 회사이름을 고민하다가 "모든 페이지를 검색하겠다"는 의미를 담아내기 위해 10의 100승을 의미하는 단어 '구골(googol)'을 떠올렸다. 그리하여 '구골닷컴'을 회사이름으로 등록하려 했는데, 이미 등록된 사이트가 있었다. 그러던 어느 날 우연히 친구가 실수로 쓴 오타인 'google'을 발견한 두 창업자는 '구글(Google)'을 회사이름으로 짓게 되었다.

| 페이스북(Facebook)

인터넷이 발달하기 전에 미국 대학교에서는 학기 초에 서로의 이름을 알 수 있도록 도와주는 사진과 이름이 적힌 책을 나누어주었는데, 이 책의 이름이 바로 'Face Book'이었다. 하버드대학교 2학년 학생이었던 마크 저커버그는 2003년 10월에 페이스매시(Facemash)라는 이름으로 비슷한 서비스를 시작했다. 그 뒤 2004년 2월에 '더페이스북(The Face Book)'이라는 이름으로 'thefacebook.com' 사이트를 운영하기 시작했고, 2005년에 200,000달러를 주고 'facebook.com' 도메인을 사들였다. 이렇게 해서 지금의 페이스북으로 자리 잡게 되었다.

| 에어비앤비(Airbnb)

오늘날에 에어비앤비(Airbnb)는 세계 최대 숙박 공유 서비스업체가 되었다. 2008년 8월에 브라이언 체스키와 조 게비아, 네이션 블레차지크 등 3명의 창업자가 설립했다. 해외에서는 보통 게스트하우스를 'B&B(Bed & Breakfast)'라고 하는데, 초기에는 'Airbedandbreakfast.com'이라는 이름으로 시작했다. '푹신한 침대'를 뜻하는 'Airbed'와 '아침식사'를 뜻하는 'breakfast'라는 단어를 결합한 이름을 사용한 것이다. 하지만 너무 이름이 길다고 생각해 2009년 3월에 'Airbnb.com'으로 변경했다. 사이트 역시 에어베드와 공유 공간을 보여주기 위해 집 전체와 개인 방 등을 보여주는 것을 비롯해, 성과 요트, 이글루 등 다양한 숙박 서비스를 제공하는 식으로 발전했다.

| 스타벅스(Starbucks)

스타벅스는 세계에서 가장 큰 다국적 커피 전문점이다. 이 기업의 이름은 허먼 멜빌의 소설 『모비딕』에 등장하는 일등항해사 '스타벅(Starbuck)'에서 유래되었다. 그런데 원래는 『모비딕』에 등장하는 포경선인 '피쿼드(Pequod)'를 회사이름으로 생각했는데, 이 단어는 '오줌(pee)'과 '형무소(quod)'라는 의미로도 쓰여서 문제가 되었다. 최종논의 끝에 커피를 좋아하는 일등항해사의 이름인 '스타벅(Starbuck)'에 's'를 붙이고 '스타벅스(Starbucks)'를 회사이름으로 사용하게 되었다.

창업자라면 회사이름뿐만 아니라 로고(logo)에도 신경 써야 한다. 로고는 상품이나 회사의 이름 등에 적용되는 시각디자인을 말한다. 과거에는 로고를 글자로만 디자인했기 때문에 '로고타이프(logotype)'나 '워드마크(wordmark)'로 불렸는데, 지금은 그림 등의 이미지도 로고에 포함시킨다.

눈에 띄는 로고를 만들기 위해서는 아무래도 시각디자인 전문가의 도움을 받는 것이 좋다. 로고의 목적은 소비자들이 상품을 잘 인식하도록 하기 위한 광고, 즉 홍보의 효과를 높이는 데 있다. 회사의 이미지를 심플한 그림으로 압축하는 것은 분명 전문가의 영역임에 틀림없다. 하지만 로고 제작비용이 부담되거나 자신이 직접 로고를 제작하고 싶다면 로고를 만드는 데 도움이 되는 무료(작고 간단한 로고를 만드는 경우만 무료) 사이트를 소개하려 한다.

| **로가스터**(https://www.logaster.com/kr)

로가스터는 다양한 로고를 만들 수 있고, 만들어진 로고를 수정할 수도 있는 사이트이다. 참고로 로가스터에서는 'FREE'가 표시되어 있는 소형의 디자인만 무료이다.

이 사이트에서 로고를 만드는 방법은 다음과 같다.

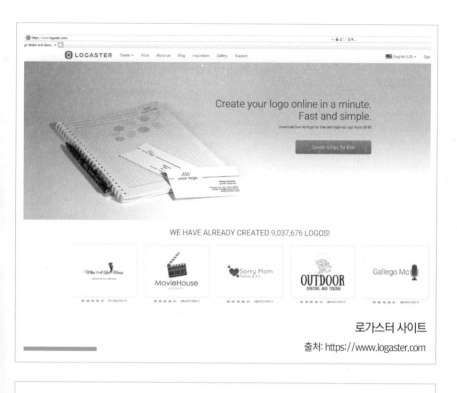

로가스터 사이트

출처: https://www.logaster.com

1. 상단에 있는 'Create a logo for free'를 클릭한다.

Create a logo for free

2. 창업할 회사의 상호명을 입력한 후 'CREATE A LOGO'를 클릭한다.

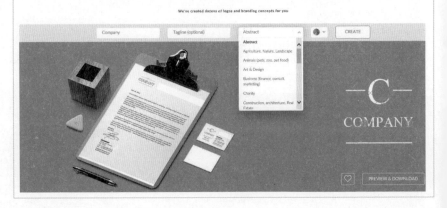

Create Your Personal Logo Easily
Create your own unique logo with the Logaster logo generator in seconds! Branding has never been easier!

CREATE A LOGO

At least 3 characters long

Create a Logo in Just a Couple of Clicks!
Simple steps. Lightning speed. Gorgeous logos.

Enter your brand name and click on "Create".
You will see dozens of attractive variants of your future logo in seconds!

3. '다음 화면으로 넘어가면 상단에서 주석(Tagline) 및 유형 등을 선택할 수 있다. 나는 주석은 선택하지 않고 유형은 'Businsess'를 선택했다.

We've created dozens of logos and branding concepts for you

| Company | Tagline (optional) | Abstract | | CREATE |

Abstract
Agriculture, Nature, Landscape
Animals (pets, zoo, pet food)
Art & Design
Business (finance, consult, marketing)
Charity
Construction, architecture, Real Estate

—C—
COMPANY

PREVIEW & DOWNLOAD

4. 모든 옵션을 선택한 후에 상단의 'Create'를 클릭한다.

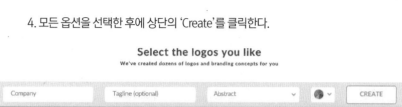

5. 다음 화면으로 넘어가면 여러 가지 모양의 로고가 생성된다.

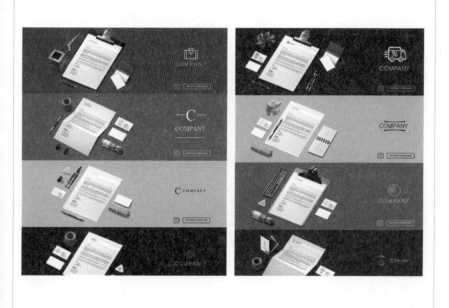

6. 화면 하단의 'SHOW MORE LOGOS'를 클릭하면 더 많은 로고를 볼 수 있는데, 마음에 드는 로고의 하단에 있는 'PREVIEW & DOWNLOAD'를 클릭한다.

7. 다운로드할 수 있는 창이 뜨면 'DOWNLOAD'를 클릭한다.

Your Multi-Purpose Logo

Take a sneak peek at how you can apply your new logo

Your brand name:
Company

Your All-In-One BrandKit for:

- **Logo for print and web**
- 5 color options
- page layout options
- business cards
- printed envelopes
- Social media bundle
- Email signature design
- Brand book

Click Download to save a logo and get possibility to share it with friends.

DOWNLOAD

8. 로그인을 하면 선택했던 로고의 여러 가지 형태를 다운받을 수 있다.

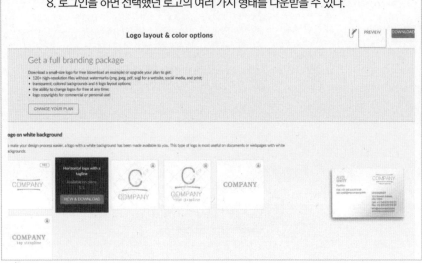

9. 상단에 'FREE'가 있는 로고는 무료이고, 자물쇠 모양이 있는 로고는 유료
이다.

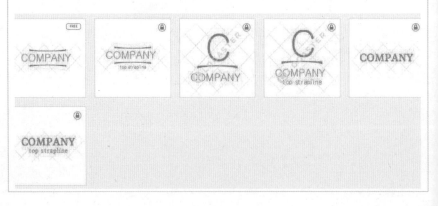

10. 유료인 경우 로고의 크기에 따라 가격이 다르다.

What's included? All	XS COMPANY LOGO FOR WEB ONLY $9.99	S COMPANY LOGO FOR WEB AND PRINT $29.99	L COMPANY FULL BRAND KIT coming soon
Logo	For web only	For print & web	For print & web
Background & Color variations	1	5	5
Logo layouts	1	6	6
Social Media Kit	No	Yes	Yes
Stationery	No	Partial	Yes
Digital	No	No	Yes
Brand book	No	No	Yes
Edit & Download	Full	Full	Full
Total files	2	180+	500+
	Download sample BUY NOW	Download sample BUY NOW	Download sample SOON

끝으로 로고를 만드는 또 다른 사이트인 로고메이커(https://kr.onlinelogomaker.com/)도 소개하고 싶다. 이 사이트는 한글을 지원한다. 사이트에서 '로고메이커 시작하기'를 클릭하면 쉽게 편집할 수 있는 창으로 이동한다. 참고로 이 사이트에서는 비상업용으로 사용하는 로고는 무료로 만들 수 있고, 상업용으로 사용하는 로고는 소정의 비용을 들여야 한다.

이외에도 네이버와 구글 등 인터넷 검색창을 통해 '무료 로고 디자인 사이트'를 검색하면 개인 취향에 맞는 다양한 사이트와 만날 수 있다.

로고메이커 한국어판 사이트
출처: https://kr.onlinelogomaker.com/

제 **6** 장

하자마자
잘되는 창업은
사전영업부터
다르다

1
사업자에게
4개의 통장이 필요한 이유

    월급쟁이들은 매달 꼬박꼬박 월급을 받지만 창업자는 월급을 보장받지 못한다. 창업자는 영업의 성과물인 통장을 바라보며 웃고 우는데, 매출이 생겨야 통장에 돈이 들어온다.

    사업을 안정적으로 하기 위해서는 매출뿐만 아니라 매입 등 지출도 신경 써야 한다. 자금 관리에 신경 써야 하는 것이다. 그런데 나는 처음 창업을 할 때 세무사 사무실에서 자금 관리까지 해준다고 생각했다.

    세무사 사무실에서는 세금 신고와 관련된 것들만 신경 써준다. 자금 관리는 창업자 스스로 신경 써야 한다. 그렇다면 자금 관리를 잘하기 위해서는 어떻게 해야 할까? 창업자라면 4개의 통장을 만들어야 할 것이다.

우선 세금 문제를 생각해 보자. 대부분의 창업자들은 세금보다는 매출을 먼저 생각한다. 나 역시 처음 창업할 때는 매출과 매입에 대해 신경 쓰기는 했지만 부가세를 크게 고려하지 않았다. '그냥 때가 되면 부가세를 신고하면 되겠지'라고 생각했을 뿐이다.

하지만 개인이든 법인이든 부가가치세 과세 대상 사업자는 부가세를 납부해야 한다. 개인은 6개월에 1회, 법인은 3개월에 1회 부가세를 납부해야 한다. 나는 개인사업자였기에 처음 6개월 동안은 매출과 매입만 신경 썼는데, 막상 부가세를 신고하는 기간이 다가오니 큰 부담으로 다가왔다. 결국 평소에 세금 등으로 지출할 비용을 미리 준비하는 습관을 들여야 한다는 것을 절실히 깨달았다.

창업자라면 매출과 매입, 세금 등을 고려해 4개의 통장을 마련해야 한다. 4개의 통장은 다음과 같다.

1. 1번 통장: 들어오는 돈 통장(매출 및 지출)

1번 통장은 말 그대로 돈이 들어오는 통장이다. 매출이 발생하면 보통은 세금계산서를 발급하고 돈을 받는다. 1번 통장은

열 번이나 실패했던 나 사장은 어떻게 창업에 성공했을까?

주거래가 이루어지는 통장인데, 이 통장계좌와 연동되는 체크카드를 만들어 지출하도록 하자. 사용하고 있는 다른 카드가 있다면 다른 카드의 사용은 일단 자제해 보자. 어쩔 수 없이 다른 카드를 사용해야 한다면 갚아야 할 카드대금의 출금계좌는 1번 통장으로 설정하는 것이 좋다. 또 매달 고정비용으로 지출되는 비용 또한 1번 통장에서 빠져나가도록 하자. 결국 1번 통장은 가장 기본이 되는 통장이 된다.

2. 2번 통장: 나가는 돈 통장(매입)

2번 통장은 매입과 관련해 나가는 돈을 관리하는 통장이다. 도소매업의 경우 제품을 판매하기 위해 공급업체로부터 제품을 매입해야 한다. 2번 통장은 제품을 매입하기 위해 필요한 돈을 넣어두는 통장이다. 1번 통장에 돈이 들어오면 기본 지출과 고정비용을 제외하고 2번 통장으로 입금해야 한다.

왜 굳이 2번 통장으로 입금해야 할까? 매출이 발생하기 위해서는 한 달 또는 몇 달 전부터 제품을 매입해야 하는데, 많은 사업자들이 매출에 현혹된 나머지 매입을 등한시한다. 한 통장에 모든 돈이 있다면 이 모든 돈이 내 돈 같다는 착각에 빠지게 된다. 하지만 매입에 필요한 돈은 반드시 나가야 할 돈이다. 매입비용을 미처 고려하지 못하면 자금 관리에 문제가 생기므로,

2번 통장을 따로 만드는 것이 바람직하다.

3. 3번 통장: 부가세 통장(부가세)

부가세(부가가치세)는 상품(재화)의 거래나 서비스(용역)의 제공 과정에서 얻어지는 부가가치(이윤)에 대해 과세하는 세금이며, 부가가치세 과세 대상 사업자는 상품을 판매하거나 서비스를 제공할 때 거래금액에 일정금액의 부가가치세를 징수해 납부해야 한다.

3번 통장은 부가세로 지출되는 돈을 넣어두는 통장인데, 부가세를 내지 않아도 되는 면세사업자라면 이 통장을 만들지 않아도 된다.

부가가치세 과세 대상 개인사업자의 경우에는 부가세를 6개월에 한 번 내는데, 나는 부가세로 지출되는 돈을 3번 통장에 매달 입금한다. 반면에 10명 중 9명은 그렇게 하지 않는다. '부가세 신고는 6개월에 한 번 하니, 6개월에 한 번만 신경 쓰면 된다'고 생각하기 때문이다.

하지만 개인사업자든 법인사업자든 부가세는 정말 큰 부담으로 다가온다. 부가세를 납부해야 하는 기간에 돈이 없어서 카드로 납부하는 사람이 많다. 그러면 카드빚을 갚느라 허리가 휘고, 또다시 부가세를 납부해야 하는 기간이 다가오면 또 다른 카드로 돌려막는다. 결국 버티다 못해 파산하는 사람도 많다.

이러한 위험을 피하기 위해서라도 부가세로 지출해야 할 돈을 매달 미리 준비하는 것이 바람직하다. 어차피 지출될 돈이라면 미리 준비하는 것이 낫다. 부가세로 지출할 돈을 고려하지 않고 1번 통장에 그대로 두면 통장잔고가 많아 보이는 착각에 빠진다. '이 정도면 돈을 여유 있게 쓰면 되겠지' 싶어서 느슨해졌다간 낭패 볼 수도 있다. 따라서 3번 통장을 만들어 부가세를 관리할 필요가 있다.

부가세로 내야 할 금액은 다음과 같이 알아보면 된다. 사업자등록증과 공인인증서를 발급받으면 국세청 홈텍스(www.hometax.go.kr)에서 매출 및 매입 계산서를 조회할 수 있다. 부가세는 '매출세액-매입세액'을 계산한 금액을 내야 하는데, 내 경우에는 '지난달의 매출세액-지난달의 매입세액'을 계산한 금액을 3번 통장에 매달 입금한다.

국세청 홈텍스 사이트에 접속한 뒤 '조회/발급', '합계표 및 통계조회', '기간별 매출/매입 통계' 순으로 클릭하면, 매출 및 매입 계산서를 조회할 수 있다.

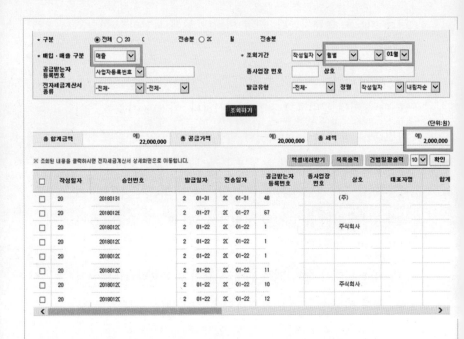

1월의 매출 계산서를 조회했더니 부가세로 내야 할 총 세액은 2,000,000원이다.

출처: 국세청 홈텍스

열 번이나 실패했던 나 사장은 어떻게 창업에 성공했을까?

1월의 매입 계산서를 조회했더니 총 세액은 1,500,000원이다.

'지난달의 매출세액-지난달의 매입세액'을 3번 통장에 입금해야 하므로, 나는 '2,000,000원-1,500,000원=500,000원'을 3번 통장에 입금했다.

4. 4번 통장: 소득세 통장(소득세)

개인사업자든 법인사업자든 1년에 한 번만 소득세를 신고하면 된다. 하지만 나는 3개월에 한 번 소득세로 지출할 돈을 준비하기 위해 4번 통장을 따로 만들었다.

물론 여러분 중에는 4번 통장까지 만들 필요가 있겠느냐고 의문을 제기하는 분도 있을 것이다. 부가세에 비해 소득세는 많지 않기 때문이다. 그럼에도 불구하고 나는 1년에 네 번 매분기마다 '내가 얼마큼 소득을 올리고 있는가?'를 냉정하게 평가한다. 나는 매분기마다 중간평가를 한 뒤 분기별 예상 소득세를 4번 통장에 입금한다. 4번 통장은 소득세를 미리 준비하기 위해서이기도 하지만 분기별로 소득을 점검하기 위해 만든 셈이다.

과세표준이 되는 소득은 '매출-매입-경비 및 공제항목'으로 계산해야 한다. 앞에서 설명했듯이 분기별 매출액과 매입액은 국세청 홈텍스를 통해 조회할 수 있는데, 경비는 다음과 같이 조회하면 된다.

1번 통장의 해당 은행 홈페이지에 접속한 뒤 분기별(3개월 기간)로 거래내역을 조회한 후, 경비 사용내역을 편집하기 위해 엑셀 파일로 저장하자. 은행마다 조금씩 다르겠지만 원리는 비슷하다.

다음은 거래내역을 저장한 엑셀 파일의 일부 이미지이다. 오른쪽 상단의 '거래내용'에 경비 및 공제항목으로 지출한 내역을 기록하면 될 것이다. 거래내용에는 '기본식대, 유류비, 임대료, 사업시 필요한 용품 구매, 카드사용대금' 등으로 간단히 기록하면 되고, 경비로 지출한 금액의 합을 구하면 된다.

이 거래내역에서 경비로 지출한 금액의 합이 10,000,000원이라고 가정해 보자. 공제항목에는 기본공제와 자녀세액공제, 국민연금보험료, 개인연금저축 등이 포함되는데, 공제항목과 관련된 금액의 합을 1,000,000원이라고 하자. 또 매출

No	거래일시	출금	입금	거래후 잔액	거래내용
		거래내역조회_입출식			
	계좌번호 : 696				
	예금주명 : 이.				
	현재잔액 : .				
	조회시작일자 :				
1	20	2,500,000	0		
2	20	21,850	0		
3	20	0	2,860,000		
4	20	7,000	0		
5	20	20,000	0		
6	20	30,000	0		
7	20	4,000	0		
8	20	11,000	0		
9	20	30,000	0		
10	20	0	836,000		

거래내역을 저장한 엑셀 파일의 일부 이미지

은 100,000,000원, 매입은 80,000,000원이라고 가정하자. 소득의 계산식인 '매출-매입-경비 및 공제항목'을 대입하면 '100,000,000원-80,000,000원-11,000,000원=9,000,000원'이 된다.

국세청의 종합소득세 세율에 의하면 과세표준이 12,000,000원 이하이면 6%의 세율이 적용된다. 과세표준이 9,000,000만 원이므로 6%의 세율을 적용하면 '9,000,000×0.06%=540,000원'을 소득세로 내야 한다. 물론 3개월치가 아니라 1년치 소득을 계산

---

*세율 적용 방법: 과세표준×세율-누진공제액

과세표준 30,000,000×세율 15% - 1,080,000 = 3,420,000
예시〉 2018년 귀속   단위: 원, %

종합소득세 세율(2018년 귀속)		
과세표준	세율	누진공제
12,000,000 이하	6	-
12,000,000 초과 46,000,000 이하	15	1,080,000
46,000,000 초과 88,000,000 이하	24	5,220,000
88,000,000 초과 150,000,000 이하	35	14,900,000
150,000,000 초과 300,000,000 이하	38	19,400,000
300,000,000 초과 500,000,000 이하	40	25,400,000
500,000,000 초과	42	35,400,000

출처: 국세청 홈텍스

하면 소득의 액수가 더 커지니 과세표준의 세율이 달라질 수 있다. 실제로는 세금을 더 낼 수도 있지만 소득세의 일부를 미리 마련하고 분기별로 소득을 점검하기 위해 나는 이렇게 한다.

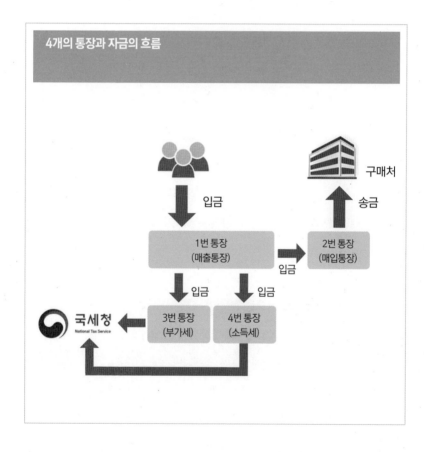

4개의 통장과 자금의 흐름

2

고객이 꼬리에
꼬리를 물게 하려면

제4장에서는 고객의 성향을 네 가지로 분류했다. 고객의 네 가지 성향은 다음과 같다.

4가지 성향에 따른 고객성향분석

1. 계약: 3개월 이내에 구매 계약해 줄 고객(여기서는 A라고 하겠다.)

2. 소개: 직접 계약해 주지는 않겠지만 3개월 이내에 계약 가능한 고객을 소개시켜 줄 수 있는 고객(여기서는 B라고 하겠다.)

3. 잠재: 계약 또는 소개로 분류할 수는 있지만 6개월 이후에 계약 가능성이 있는 고객(여기서는 C라고 하겠다.)

4. 돌아설 업체: 앞으로 고객이 될 수 없는 고객(여기서는 D라고 하겠다.)

A고객은 창업하자마자 매출을 높이고 사업을 안정적으로 하기 위해 가장 중요한 고객이다. 이러한 고객은 구매해 줄 가능성이 높으니 창업 이전부터 우수고객으로 분류해 특별히 신경써야 할 것이다. 창업을 1개월 앞둔 시점에서는 A고객의 리스트를 정리해 볼 것을 권한다. A고객의 리스트를 정리하면 창업 초기의 매출을 어느 정도 예상할 수 있을 것이다. 또 창업을 1개월 앞둔 시점에서는 A고객을 다시 한 번 만나보는 것이 좋겠다. 그래야 구매 확률이 높아질 수 있기 때문이다.

상호	예상 매출 금액	마진 금액	예상 계약 시기	구매 확률
주식회사 가나다	20,000,000원	2,000,000원	창업 첫 달	80%
**정공	15,000,000원	1,500,000원	창업 둘째 달	80%
다라마 주식회사	15,000,000원	1,500,000원	창업 첫 달	70%
AA정보	10,000,000원	1,000,000원	창업 둘째 달	80%
○○상사	8,000,000원	800,000원	창업 첫 달	50%
○○정밀	5,000,000원	500,000원	창업 첫 달	50%
합계	73,000,000원	7,300,000원	창업 첫 달~둘째 달	68%

A고객의 리스트 | 쉬운 예를 들기 위해 6개 업체만 예로 들었다. 마진 금액은 매출의 10%로 일괄 적용했다. 구매가 100% 이루어지면 창업 직후의 예상 매출 금액은 73,000,000원이 될 것이다.

B고객은 직접 계약해 주지는 않겠지만 3개월 이내에 계약 가능한 고객을 소개시켜 주는 고객이다. 이 고객도 매출을 높여줄 수 있으므로 창업 전부터 고객 리스트를 정리해 관리할 필요가 있다.

상호	첫 소개 시기	소개 업체 방문 시기	방문 효과	구매 확률
**AA	창업 3개월 전	창업 2개월 전	A제품 계약 가능	70%
BB 주식회사	창업 3개월 전	창업 1개월 전	B제품 계약 가능	50%
KK 회사	창업 1개월 전	창업 1개월 전	A제품 계약 가능	50%
YY 회사	창업 2개월 전	창업 1개월 전	A제품 계약 가능성 낮음.	40%
주식회사 D	창업 1개월 전	창업 1개월 전	B제품 계약 가능성 낮음.	40%
CDE 회사	창업 1개월 전	창업 1개월 전	A제품 계약 가능	60%
합계			A제품 3곳, B제품 1곳 계약 가능	51%

B고객의 리스트 | 쉬운 예를 들기 위해 6개 업체만 예로 들었다.

A고객의 리스트와 달리 B고객의 리스트에 예상 매출 금액을 적지 않은 이유는 구매 확률이 상대적으로 낮기 때문이다. A고객과 달리 B고객은 직접 구매해 주는 고객이 아니고, B고객의 소개로 구매가 이루어질 확률은 상대적으로 낮다. 그렇지만 매

출을 높이기 위해 B고객 역시 신경 써야 할 것이다.

　다음으로 C고객은 당장은 아니지만 창업 6개월 이후에 계약 가능한 고객이다. 당장은 매출에 도움되지 않겠지만 중장기적으로 매출을 늘리기 위해 신경 써야 할 고객이다. C고객에게는 창업 이후에도 꾸준히 이메일을 발송하거나 주기적으로 방문하는 것이 좋다. C고객의 리스트는 다음과 같이 정리할 것을 권한다.

상호	담당자	연락처	이메일 주소	최근 방문 시기
주식회사 바사아				
주식회사 FGH				
XX 회사				

C고객의 리스트 | 쉬운 예를 들기 위해 3개 업체만 예로 들었다. C고객은 여러 번 방문해야 계약할 수 있는데, 그렇다고 자주 방문한다면 상대에게 부담감 또는 거부감을 심어줄 것이다. 최근 방문 시기를 따로 기록하고, 3~4개월 간격으로 재방문할 것을 권한다.

　마지막으로 D고객은 계약 가능성이 희박한 고객이다. 대부분의 사람들은 창업 초기에 열정이 넘치는데, 고객을 하나라도 더 늘리기 위해 D고객에게도 다가갈 것이다. 하지만 D고객에게 방문하느라 소중한 시간을 낭비하지는 말자. D고객에게는 제품과 관련된 특별 행사 등을 소개하는 이메일만 발송하도록 하고, A고객과 B고객에게 신경 쓰도록 하자.

3
서류와 사무용품은
창업 전부터 챙기자

"이 제품이 괜찮을 것 같은데요. 견적서 좀 보내주실래요?"

영업자라면 누구나 이 말을 기다릴 것이다. 대부분의 고객은 견적서를 받아보고 마음에 들면 계약을 체결하려 하기 때문이다. 계약이 성사되면 계약서를 작성해야 하는데, 견적서와 계약서 등의 서류는 어떻게 준비해야 할까?

만약 견적서를 보내달라는 고객이 있는데, 견적서는 물론이고 도장과 명판 등을 준비하지 못했다면 당황스러울 것이다. 구매 계약에 필요한 서류와 사무용품은 미리 챙겨야 한다. 창업 이후에 허겁지겁 준비하는 것보다 미리 챙기는 것이 좋을 것이다.

예를 들어 회사에 다니다 창업한 사람이 회사 재직 중에 알게 된 거래처와 계약하게 되었다고 하자. 이 거래처에 예전 회사에서 사용하던 계약서와 회사 이름만 다를 뿐 똑같은 것을 내민다면 어떻게 될까? 게다가 "회사 도장을 아직 만들지 않았다"고 하면서 "도장 날인 대신 서명으로 하면 안 되겠냐"고 한다면, 게으르거나 성의 없는 사람으로 보일 수 있고, 계약이 물 건너 갈 수도 있다.

우리는 다양한 업종과 업태로 창업하겠지만 공통적으로 준비해야 할 서류와 사무용품이 있다. 다음에 소개하는 것들을 준비해야 한다.

| 도장과 명판

주식회사(법인사업자)로 창업한다면 법인인감과 사용인감이 있어야 한다. 만약 누군가가 내 명의로 인감도장을 만들어 대출받을 수 있다면 어떻게 될까? 생각만 해도 끔찍할 것이다. 이러한 피해를 막기 위해 우리는 관공서에 인감도장을 신고하고, 부동산담보대출 등을 할 때 인감증명서를 발급받아 본인임을 확인한다. 이와 마찬가지로 법인사업자 역시 관할 등기소에 법인인감을 등록해 놓고 중요한 계약 등을 하는 경우에 법인인감증명서와 법인인감을 준비한다. 참고로 사용인감은 우리가 사용하는 막도장처럼 회사에서 사용하는 도장이다.

법인사업자로 창업할 때는 자격대리인(법무사, 변호사)을 통해 진행하기 때문에 문제될 것이 없지만 개인사업자로 창업할 때는 거래처 등에 대표자의 인감증명서를 제출해야 하는 경우도 있다. 하지만 견적서와 계약서, 거래명세표 등을 작성할 때는 대표자 개인의 인감도장보다는 회사도장을 자주 사용한다. 도장을 만들어주는 곳에서 "개인사업자용 회사도장을 만들어달라"고 하면 금세 만들어줄 것이다.

명판은 계약을 하는 일이 많은 업종이라면 자주 사용해야 한다. 명판에는 사업자등록번호, 상호, 대표자, 주소, 업태 및 종목 등이 표기되어야 한다. 명판에는 사업자등록번호가 들어가므로 사업자등록증을 발급받은 이후에 만들어야 한다.

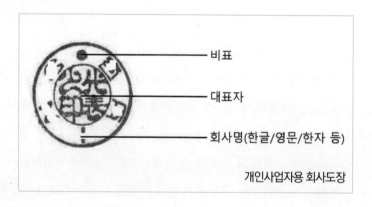

비표

대표자

회사명(한글/영문/한자 등)

개인사업자용 회사도장

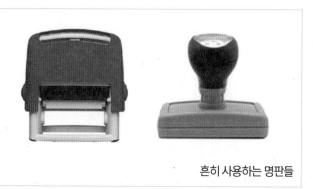

혼히 사용하는 명판들

763 – 65 - *****

회사명   김 대 표 (인)

서울시 강남구 ***로 **빌딩 ***호

도*소매   교육지원 서비스업

명판 날인의 예

| 견적서

견적서는 고객에게 제품 목록이나 가격, 결제 조건, 제품 특성 등을 제시하는 문서이다. 물론 업종에 따라 견적서가 필요하지 않을 수도 있지만 견적서를 작성해야 하는 업종이라면 견적서의 내용과 형식에 신경 써야 할 것이다. 견적서는 제품을 팔기 위해 고객에게 다가가는 회사의 얼굴이라고 할 수 있다.

네이버 등을 통해 다양한 '견적서 양식'을 검색 및 다운로드할 수 있는데, 기왕이면 잘 꾸며진 양식을 참조해 멋진 견적서를 만들어 놓는 것이 좋겠다.

| 계약서

계약서는 계약의 성립을 증명하는 문서이다. 고객과의 거래를 성사하기 위해 최종단계에서 작성하는 증명서라고 할 수 있다. 계약서에는 법률적인 권리나 의무 등의 내용이 포함되어 있으므로 꼼꼼히 작성해야 한다. 그래야 혹시라도 발생할 수 있는 불미스러운 일에 대비할 수 있다. 대부분의 계약서에는 공급받는 자가 '갑', 공급하는 자가 '을'로 되어 있다. 거래처에 제품이나 서비스를 공급하는 계약서를 작성하는 경우에는 '을'의 입장에서 불리한 계약 조항은 없는지 살펴봐야 할 것이다. 또 계약 사실을 정확히 입증하기 위해 각 장마다 날인할 것을 권한다.

| 거래명세표(거래명세서)

거래명세표는 공급한 자(계약서의 '을')와 공급받는 자(계약서의 '갑')의 인적사항, 거래일자, 거래내용, 공급가액, 비고 등이 기재된 문서를 말한다. 거래 사실을 증명하기 위해 세금계산서

거래 명 세 표

거 래 일 자 201*.**.**													

공급받는자	상 호 (법인명)	주식회사 가나다 귀하			공급자	등록번호	7 6 3 - 6 5 -	* * * * *	
	사업장 주소	서울시 강남구 ***로 **빌딩 ***호				상 호 (법인명)	창업		성명 김대표
	전화번호	02-8**-****				사업장 주소	서울시 강남구 ***로 **빌딩 ***호	
	합계금액 (VAT포함)	₩ 3,300,000				업 태	서비스	종목 팩스	개발
						전 화	010-34**-****	

월	일	서비스목록	제품명	수 량	단 가	공급가액
*	*	*** 구매	**제품 - 111** 제품	1	3,000,000	3,000,000
			***** 이 하 여 백 *****			

비고	

인수자	김인수자	납품자	김납품	월결	현금	신용	미수	소 계	₩3,000,000

거 래 명 세 표

거 래 일 자 201*.**.**													

공급받는자	상 호 (법인명)	주식회사 가나다 귀하			공급자	등록번호	7 6 3 - 6 5 -	* * * * *	
	사업장 주소	서울시 강남구 ***로 **빌딩 ***호				상 호 (법인명)	창업		성명 김대표
	전화번호	02-8**-****				사 업 장 주 소	서울시 강남구 ***로 **빌딩 ***호	
	합계금액 (VAT포함)	₩ 3,300,000				업 태	서비스	종목 팩스	개발
						전 화	010-34**-****	

월	일	서비스목록	부 품 명	수 량	단 가	공급가액
*	*	*** 구매	**제품 - 111** 제품	1	3,000,000	3,000,000
			***** 이 하 여 백 *****			

비고	

인수자	김인수자	납품자	김납품	월결	현금	신용	미수	소 계	₩3,000,000

를 작성하는 경우가 많지만, 회사의 특성상 거래명세표를 요구하는 회사도 있다. 거래명세표는 세금계산서와 마찬가지로 법적 증빙자료가 되어주므로, 세무서와 납세자 사이의 분쟁이 발생할 때 납세자를 위한 안전장치 역할을 한다. 세무서에서는 매입세액의 부당 공제 혐의가 있다고 판단되면 소명자료를 제출하라고 요구한다. 소명자료를 제출할 때는 세금계산서와는 별도로 은행 송금증과 입금표, 거래명세표를 제출해야 한다. 이러한 이유로 세금계산서뿐만 아니라 거래명세표를 요구하는 회사도 있다.

거래명세표는 문구점과 마트 등에서 판매하므로 쉽게 구할 수 있고, 네이버 등을 통해 다양한 '거래명세표 양식'을 검색 및 다운로드할 수 있다. 거래명세표는 공급받는 자와 공급하는 자가 각각 서명 또는 날인한 후 한 부씩 보관하면 된다.

이외에도 업종에 따라 입금표와 간이영수증, 서류보관함 등 또 다른 서류나 물품이 필요할 수도 있다. 여기서는 가장 기본적인 것들만 소개했으니, 더 필요한 것이 있다면 스스로 준비해 보자.

4

타깃영업은 창업 2개월 전부터 하자

"좋습니다. 바로 계약합시다!"

만나자마자 구매 계약을 체결하자고 말하는 고객만 있다면 얼마나 좋을까? 하지만 이런 고객은 극소수다. 그래서 우리에게는 타깃(고객이 될 만한 사람)을 대상으로 하는 사전영업이 필요한데, 앞에서 소개한 고객의 네 가지 성향에 따라 타깃영업을 달리하는 것이 좋다.

| 4가지 성향에 따른 고객성향분석

1. A(계약): 3개월 이내에 구매 계약해 줄 고객

2. B(소개): 직접 계약해 주지는 않겠지만 3개월 이내에 계약 가능한 고객을 소개시켜 줄 수 있는 고객

3. C(잠재): 계약 또는 소개로 분류할 수는 있지만 6개월 이후에 계약 가능성이 있는 고객

4. D(돌아설 업체): 앞으로 고객이 될 수 없는 고객

앞에서 우리는 고객의 성향을 네 가지로 분류했는데, 창업을 한두 달 앞둔 시점에서는 이 고객들을 대상으로 얼마나 매출을 올릴 수 있는지 예상해야 한다.

다른 고객들에 비해 A고객은 창업 이후에 구매 계약 가능성이 가장 높다. 하지만 계약하겠다고 약속했는데도 막상 창업을 시작하면 말을 바꾸는 경우가 많다. 나에 대한 고객의 신뢰가 철옹성처럼 견고해서 변하지 않는다면 얼마나 좋을까? 오래도록 알고 지냈고 창업 6개월 전부터 신경 써서 A고객으로 분류했던 고객이 등을 돌리는 경우도 있다. 이러한 이유로 우리는 고객을 A, B, C, D로 분류할 때 신중해야 한다. 창업을 한두 달 앞둔 시점에서 고객을 다시 분류해 실질적으로 얼마나 매출을 올릴 수 있는지 점검해야 한다.

내 경우에는 A, B, C, D로 분류한 전체 고객 중에서 창업 이후에 계약까지 연결된 고객은 30%에 불과했다. 그리고 계약을

체결해 준 이 30% 고객의 대부분은 A고객과 B고객이었다. A고객과 B고객은 계약 확률이 높은 만큼 특별히 신경 써야 하는데, 창업을 한두 달 앞둔 시점에서 한 번쯤은 직접 만나는 것이 좋겠다.

앞에서 우리는 A고객과 B고객의 리스트를 작성해 보았는데, 다음과 같다.

상호	예상 매출 금액	마진 금액	예상 계약 시기	구매 확률
주식회사 가나다	20,000,000원	2,000,000원	창업 첫 달	80%
**정공	15,000,000원	1,500,000원	창업 둘째 달	80%
다라마 주식회사	15,000,000원	1,500,000원	창업 첫 달	70%
AA정보	10,000,000원	1,000,000원	창업 둘째 달	80%
○○상사	8,000,000원	800,000원	창업 첫 달	50%
○○정밀	5,000,000원	500,000원	창업 첫 달	50%
합계	73,000,000원	7,300,000원	창업 첫 달~둘째 달	68%

A고객의 리스트

상호	첫 소개 시기	소개 업체 방문 시기	방문 효과	구매 확률
**AA	창업 3개월 전	창업 2개월 전	A제품 계약 가능	70%
BB 주식회사	창업 3개월 전	창업 1개월 전	B제품 계약 가능	50%
KK 회사	창업 1개월 전	창업 1개월 전	A제품 계약 가능	50%
YY 회사	창업 2개월 전	창업 1개월 전	A제품 계약 가능성 낮음.	40%
주식회사 D	창업 1개월 전	창업 1개월 전	B제품 계약 가능성 낮음.	40%
CDE 회사	창업 1개월 전	창업 1개월 전	A제품 계약 가능	60%
합계			A제품 3곳, B제품 1곳 계약 가능	51%

B고객의 리스트

우리는 기회를 살리는 영업, 효율적인 영업을 해야 한다. 구매 확률이 높은 고객은 놓치지 말아야 한다. A고객과 B고객 중에서 특별히 신경 써야 할 고객은 구매 확률 50% 이상의 고객이다. A 고객 중에서 구매 확률 50% 이상의 고객은 6개 회사다. B고객 중에서 구매 확률 50% 이상의 고객은 4개 회사다. 구매 확률 50% 이상의 전체 고객은 10개 회사다. 또 구매 확률 70% 이상의 고객은 A고객 중에는 4개 회사, B고객 중에는 1개 회사가 있다.

열 번이나 실패했던 나 사장은 어떻게 창업에 성공했을까?

창업 한 달 전부터 일주일에 두세 명의 고객을 만난다면 구매 확률 50% 이상의 10개 회사를 모두 만나볼 수 있다. 만약 창업을 8주 정도 앞두고 일주일에 2개 회사를 만난다면 16개 회사를 만날 수 있다. 그렇다면 구매 확률 50% 이상의 고객과 1회 만나고, 구매 확률 70% 이상의 우수고객과 한 번 더 만날 수 있을 것이다. 이처럼 구매 확률이 높을수록 정성을 다해야 실질적인 구매로 이어질 수 있다.

가장 중요한 타깃인 A고객, B고객과 미팅 약속을 잡고, 다음과 같이 미팅 계획표를 만들어보자.

창업 2개월 전	창업 1개월 전	창업 1개월차	창업 2개월차	창업 3개월차
주식회사 가나다	주식회사 가나다			
**정공	**정공			
다라마 주식회사	다라마 주식회사			
AA정보	AA정보			
○○상사	○○정밀			
**AA	**AA			
BB 주식회사	KK 회사			
YY 회사	주식회사 D			
CDE 회사				

미팅 계획표

'창업 1개월차, 창업 2개월차' 등의 항목을 만들어놓은 것은 창업 이후에 구매 계약을 체결하기로 한 날짜를 기록하기 위해서다. 실제 구매 계약은 사업자등록을 하고 영업을 개시해야 할 수 있으므로 창업 이후에나 가능할 것이다. 따라서 창업 한두 달 전에 고객들과 만나서 창업 이후에 구매 계약을 체결하기로 약속했다면 이 일정을 기록하는 것이 좋다.

그런데 한 가지 명심해야 할 것이 있다. 창업하기 전에 반드시 구매 계약 약속을 받아내겠다고 조바심을 내서는 안 된다. 조바심에 사로잡히면 무리한 조건으로 계약할 수도 있고, 덤핑으로 판매해 손해를 볼 수도 있다. 또 고객에게 구걸하거나 강매하려 한다는 인상을 남기면 역효과가 날 수도 있다. 특히 B고객의 소개를 받아 다른 고객을 만나는 경우에는 자칫하면 B고객에게도 인심을 잃고 소개받은 고객에게도 인심을 잃을 수 있다. "돈을 잃으면 조금 잃는 것이요, 사람을 잃으면 많이 잃는다"는 말을 명심해야 할 것이다.

제 **7** 장

잘되는
창업자는
처세부터 다르다

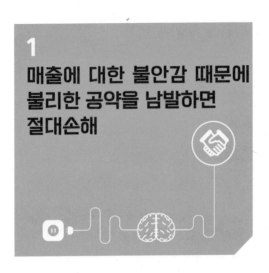

1

매출에 대한 불안감 때문에 불리한 공약을 남발하면 절대손해

'이 고객은 이번 달에 계약해 주시기로 했는데, 왜 감감무소식이지?'

'이분은 창업하자마자 바로 계약해 주시기로 했는데, 이제는 전화도 안 받으시네……'

창업을 시작하면 당연히 수익에 신경 쓸 수밖에 없다. 기대했던 것과 달리 수익이 적으면 고객을 확보하기 위해 조바심에 사로잡힐 수 있다. 이러한 마음을 고객에게 숨기려 해도 은연 중에 자신의 속뜻을 내비칠 수 있다. 고객이 원하는 것이라면 무엇이든 들어주겠다는 식으로 나오는 것이다.

"가격 때문에 망설이신다면, 가격을 낮춰드릴 수도 있는데요……."

수익이 적다고 해서 고객에게 불리한 공약을 남발해서는 안된다. 고객에게 한 번 가격을 낮춰 공급하면 다음 거래에서도 가격을 낮춰야 한다. 또 창업하자마자 고객에게 저자세로 다가가면 '사업이 잘 안 되어서 저러는 건가?' 하는 생각도 들게 한다. 고객은 자선구호단체가 아니다. 언제 문 닫을지 모르는 업체보다 잘되는 업체와 거래하고 싶어 한다.

나는 10여 년 전에 계약을 많이 해야 매출을 늘릴 수 있다고 생각했다. 어떻게든 계약을 성사하기 위해 계약서에 불리한 공약을 남발했다.

나는 A회사와 작성한 계약서의 비고란에 "내가 판매하는 제품 이외의 다른 제품에 문제가 생기더라도 해결해 주겠다"고 기재했다. 내가 전혀 알지 못하는 제품이었지만 당시에는 무조건 계약해야 한다고 생각했기 때문이다.

하지만 A회사와 계약한 후 이 제품에 문제가 생기고 말았다. 결국 계약을 이행하기 위해 돈과 시간을 허비해야 했다. A회사와의 거래는 손해 보고 말았다.

주위를 둘러보면 이러한 실수를 많이 하는 것 같다. 정작 계약을 체결하고 "이 계약은 하지 말았어야 했는데"라고 말하는 사람이 많다. 이처럼 잘못된 계약을 피하기 위해서는 '계약서에 명시한 나의 공약을 이행할 수 있는가?'부터 생각해야 한다. 제품의 구매에 따른 비용은 언제까지 입금되면 좋을지, 무상보증기간을 언제까지 해줄 수 있는지, 비고란에 작성한 공약에 무리가 없는지 등을 헤아려야 한다.

계약서 작성 전에 반드시 점검해야 할 기본 원칙

1. 계약금과 잔금 등 구매에 따른 비용이 언제까지 입금되어야 할까?
2. 무상보증기간은 언제까지 감당할 수 있는가?
3. 비고란에 작성하는 공약을 충분히 이행할 수 있는가?

내 경우를 예로 들어 이 세 가지 기본 원칙을 어떻게 적용해야 하는지 알아보기로 하자. 통상적으로 작성하는 공급계약서는 여러 장으로 구성되는데, 그중에서도 결제 조건과 무상보증기간, 비고와 관련된 내용은 특별히 신경 써야 한다.

| 무상보증기간

대부분의 제품은 구매한 시점을 기준으로 판매자가 구매자에게 일정 기간 동안 무상보증을 해준다. 제품을 공급받아(매입해) 다른 이에게 판매하는 판매자의 경우에는 제품에 문제가

생기면 매입처에서 일정 기간 동안 무상보증 서비스를 받을 수 있다.

그런데 매입처에서 제공받은 무상보증기간보다 긴 기간을 구매자에게 무상보증 서비스해 주기로 계약한다면 문제될 수도 있다. 매입처에서 제공받은 무상보증기간을 경과해 제품에 문제가 생기면 어떻게 될까? 제품의 수리 등에 따르는 별도의 비용이 발생한다면 그 책임은 고스란히 판매자에게 있다. 따라서 무상보증기간을 언제까지 감당할 수 있는지 고려해야 한다.

| 결제 조건

식물이 생장하기 위해 수분이 필요하듯 사업체가 유지되기 위해서는 수금이 필요하다. "영업의 완성은 계약이 아니라 수금"이라는 말이 있듯이 사업자라면 수금에 특별히 신경 써야 할 것이다. 창업 초기의 회사들은 대부분 자본이 넉넉하지 못하기 때문에 무엇보다 수금이 중요하다.

우리는 계약을 이루어냈다는 성취감에 자만하지 말고 계약금과 잔금 등이 언제까지 입금되어야 사업에 무리가 없는지 고려해야 한다. 물론 내가 바라는 입금 일자를 늦추려는 고객도 있겠지만 회사의 자금 여건을 고려해 입금 일자의 마지노선을 정해야 한다.

아울러 고객이 입금 일자를 어길 경우에 대비하기 위한 조항
을 계약서에 명시할 필요가 있다. 혹시 모를 불상사를 방지하
기 위해서다.

| 비고

비고란에는 계약에 참고할 만한 사항을 작성하는 것이 일반
적이지만, 계약하는 품목에 대한 별도의 옵션 등을 적기도 한

2. 계약 금액 : 총 ₩,***,000 (일금 *천*백*십 만원정, 부가세 별도)**

제 품 명	무 상 보 증 기 간	수량	단 가	금 액
데이터 서버	하드웨어 2년	1		
**3D	라이선스 설치 후 1년	1	₩**,***,000	₩**,***,000
X*-**ker	하드웨어 2년	1		
합 계				

3. 결제 조건

초기 비용						비 고
계약금 (₩)	20	년	월	일		- ** 3D 에 관련된 ***상당의 별도 옵션 지원
잔 금 (₩)	20	년	월	일		
부가세 (₩)	20	년	월	일		- 해당 제품 외 별도 PC 관리 포함.
세금계산서 발행일	20	년	월	일		
기업 은행	계좌번호 : 696-******-01-*** 예금주 : **					

다. 내 경우에는 간혹 예외가 있기는 하지만 관련 프로그램을 납품할 때 "프로그램 무상교육을 별도 옵션으로 제공한다"는 내용을 기재한다. 물론 비고란에는 내가 옵션으로 충분히 제공할 수 있는 것들만 작성한다. 불리한 공약을 남발해 손해 보지 않기 위해서다.

2
거래처와 협력사, 내 편으로 만들기

"원하는 일을 하고 싶어서 창업하고 싶다!"

"상사 눈치 보지 않고 즐겁게 일하고 싶다!"

직장생활이 싫어서 창업을 선택한 사람들의 상당수는 "위계 조직이 싫어서 창업하고 싶다"고 말한다. 그러면서 이렇게 덧붙인다. "내가 사장이 되면 모두가 평등한 회사를 만들겠다"고. 하지만 막상 사장이 되면 다른 사람의 위에 군림하려는 사람이 의외로 많다. 갑질을 일삼는 사장은 위계조직을 만들고, 사람이 따르지 않는다.

기업이나 조직의 구조는 크게 두 가지로 나뉜다. 바로 위계

조직과 역할조직이다. 위계조직은 지위가 높은 사람이 모든 의사를 결정하고 아랫사람은 그 결정을 따르는 조직이다. 반면에 역할조직은 각 역할을 맡은 사람이 의사를 결정하고, 그에 따른 책임도 스스로 지는 조직이다.

위계조직에서는 기획, 디자인, 엔지니어링, 인사, 영업 등 모든 분야의 의사결정을 지위가 높은 사장이 내린다. 이 조직에서는 개인의 의견보다 사장의 의견이 우선된다. 기획자가 신제품에 대한 기획안을 올렸는데, 사장의 마음에 안 들면 신제품은 출시되지 못한다. 결국 기획자의 창의성은 묵살되고 사장 개인의 의견이 반영된 가이드라인을 따르게 된다. 위계조직은 이러한 조직 문화를 회사에 막 입사한 신입사원 때부터 강요한다.

반면에 역할조직에서는 각 역할을 맡은 사람들에게 가이드라인을 제시하지 않는다. 이 조직에서는 기획자가 디자이너에게 기획안을 건네주면 창의성을 발휘해 제품의 특성을 살려내는 디자인을 개발한다. 역할조직은 각자의 역할에 따라 의사결정을 하므로, 위계조직보다는 민주적인 조직이라고 할 수 있다.

| 위계조직(Rank-driven organization)

특징: 중앙집권적 의사결정

호칭: 과장, 부장, 사장 등 직급에 따른 호칭이 있음.

장점: 빠른 의사결정과 수행

단점: 의사결정권자의 능력에 따라 조직의 운명이 좌우됨.

이상적 구성원: 시키는 일을 빠르고 효율적으로 수행하는 사람

| 역할조직(Role-driven organization)

특징: 각 구성원들이 자신의 역할에 대한 의사결정권을 가짐.

호칭: 엔지니어, 프로젝트 매니저, 엔지니어링 매니저, CEO(Chief Executive Officer, 최고경영자), COO(Chief Operating Officer, 최고운영책임자), CFO(Chief Financial Officer, 최고재무관리자) 등 역할에 따른 호칭이 있음.

장점: 변화에 빠르게 대처할 수 있음.

단점: 각 조직원의 목표와 가치관이 일치하지 않을 경우 많은 혼란을 야

기함. 개개인의 의사결정이 중요하기 때문에 전문가가 필요하며, 구성원을 채용하는 데 많은 비용이 발생함.

이상적 구성원: 자신의 역할에 책임을 지고 탁월한 의사결정을 하며, 전문성을 바탕으로 자신이 맡은 업무를 창의적이고 혁신적인 방법으로 해내는 사람

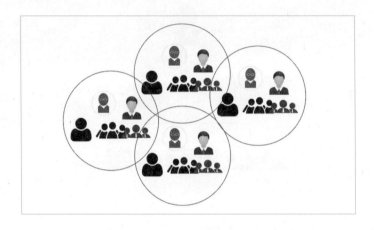

최근 들어 우리나라에서도 역할조직이 늘고 있기는 하지만 대부분의 기업들은 위계조직의 구조로 되어 있다. 물론 내가 다녔던 회사들도 위계조직이었다. 여러분 중에는 창업하자마자 여러 명의 직원을 채용하는 분들도 있을 것이고, 직원 없이 1인 기업으로 창업하는 분들도 있을 것이다. 1인 기업의 사장이라면 경영과 기획, 디자인, 영업 등을 모두 하기 어려워 협력

사의 도움이 필요한 경우가 많다. 예를 들어 협력사에 영업대행을 맡기는 경우도 있을 것이다. 만약 온라인에 치중하는 협력사의 영업 방식이 마음에 안 든다고 해서 "전단지 배포 등 오프라인 홍보에 치중하라"는 가이드라인을 제시한다면 역효과가 생길 수 있다. 온라인에 강점이 있는 협력자의 영업력을 활용하기는커녕 불필요한 영업대행비만 소모할 수 있기 때문이다.

나는 제5장의 「끌리는 회사소개서와 제안서는 뭐가 다른 걸까?」에서 "회사소개서와 제안서 등을 만들 때에도 고객(거래처)의 의견을 반영해야 한다"고 말했다. "회사소개서와 제안서 등을 만들 때 거래처의 의견을 반영하면, 우리 회사에 대한 고객의 애정이 커진다"고 했다.

마찬가지로 협력사에게도 조언을 구할 필요가 있다. 영업을 대행하는 협력사에게 "언제까지 거래처 몇 개를 늘려 달라"고 지시한다면 시키는 일만 할 수도 있고, 시키는 일도 못해낼 수도 있다. 반면에 "주아이템만으로는 부족한 것 같아서 부아이템이 필요할 것 같은데, 어떤 제품을 판매하는 게 좋을까요?"라고 말한다면 어떻게 될까? 영업 전문가의 입장에서 좋은 의견을 자발적으로 말할 것이고, 우리 회사의 영업을 자신의 일처럼 하려 할 것이다. 당연히 기대 이상의 효과를 거둘 수도 있을 것이다.

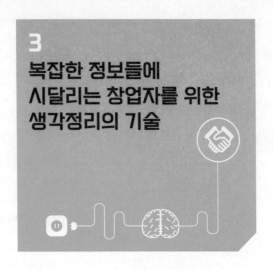

3

복잡한 정보들에
시달리는 창업자를 위한
생각정리의 기술

"경기 악화로 사상 최고의 폐업률 기록!"

신문과 방송에서는 날마다 폐업하는 사업자가 속출하고 있다고 한다. 그래서일까? 모든 준비를 마치고 창업을 시작한다고 해도 전전반측(輾轉反側)하는 사람들이 많다. '전전반측'은 '수레바퀴가 한없이 돌며 옆으로 뒤척인다'는 뜻으로, 근심과 걱정으로 잠을 이루지 못하는 것을 비유하는 말이다.

애견산업이 성장한다는 기사 등을 접하고 창업을 결심한 사람이 있다고 하자. 창업 준비를 잘하는 사람이라면 애견산업과 관련된 정보를 얻기 위해 인터넷 검색을 해보고, 애견산업 관런 카페에 가입해 활동하며, 애견산업에 종사하는 많은 사업자들과 만나보았을 것이다. 이처럼 창업을 준비하는 과정에서 애견산업과 관련된 방대한 양의 정보를 얻었을 것이다.

하지만 이제까지 얻어낸 정보 중에는 앞뒤가 안 맞는 것들이 있을 것이다. 애견용품 판매점의 입지에 대해 어떤 사람은 아파트 상가가 좋다 하고, 어떤 사람은 1인 가구 비율이 높은 오피스텔 상가가 좋다고 할 것이다. 우리가 사는 정보화 세상에서는 다양한 정보를 얻을 수는 있지만 그로 인해 결정장애를 일으킬 수도 있다.

이러한 결정장애로 우리는 전전반측할 수 있는데, 이제까지 수집한 다양하고 복잡한 정보들 중에서 무엇을 받아들여야 할지 선택해야 한다. 그런 점에서 볼 때 드니 르보 등이 지은 『생각정리의 기술』에서 소개한 마인드맵은 매우 유용하다.

목표를 명확히 설정하면 가고자 하는 길에 정확히 도달할 수 있지만 목표가 불명확하면 다른 사람의 의견에 현혹되어 엉뚱한 길에 도달할 것이다. 목표를 명확히 설정하기 위해서는 생각을 단순화해 아이디어로 발전시키는 마인드맵이 필요하다. 마인드맵은 최상위개념을 정중앙에 배치하고, 상위개념에서 하위개념이 가지를 치며 이어지도록 그리는 개념도이다.

마인드맵은 머릿속에 복잡하게 퍼져 있던 생각들을 단순하게 정리해 준다. 『생각정리의 기술』은 마인드맵이 의사결정, 일상생활, 프로젝트진행, 회의진행 등에 어떻게 적용될 수 있는지를 알려준다. 또 마인드맵을 활용해 사원교육, 고객관리, 제안서작성 등을 하는 방법도 소개했다.

이제까지 우리가 생각해 본 많은 것들을 마인드맵을 활용해 나타낸다면 다음과 같을 것이다. 우선 우리가 추구하는 최상위개념은 '창업'이므로 정중앙에 배치하면 될 것이다. 그 다음의 상위개념들인 '목표, 마인드, 지원군, 매출'이 최상위개념인 '창업'과 이어지도록 배치하고, 그 다음의 하위개념들은 상위개념들과 이어지도록 배치하자. 이처럼 마인드맵을 활용하면 이 책의 내용을 일목요연하게 정리할 수 있고, 창업을 앞두고 복잡했던 머릿속이 말끔하게 정리될 것이다.

물론 이 책에서 소개하는 상위개념과 하위개념을 그대로 적용할 필요는 없다. 여러분 각자의 취향에 따라 달리해도 될 것이다. 우리 모두에게 최상위개념은 '창업'이 되겠지만 그 외의 개념들은 각자의 기준에 따라 얼마든지 달라질 수 있을 테니까.

창업을 위한 마인드맵(저자의 예)

목표
- 개인기업으로 할지 법인기업으로 할지 정했는가?
- 매출을 주도할 주아이템은 무엇인가?
- 회사이름과 로고 등을 만들었는가?
- 회사소개서와 제안서 등은 준비했는가?
- 사무실과 사무용품 등은 준비했는가?

마인드
- 창업 이후에 부딪칠 난관들을 어느 정도까지 감당할 수 있는지 '나만의 기준'을 세웠는가?
- 최악의 상황에 대비해 '내가 생각하는 배수진'을 정했는가?
- 경영, 기획, 디자인, 영업 등 각 분야에서 발생하는 모든 문제의 최종책임자가 될 수 있는가?
- 사업에 불필요한 겉치레를 거두었는가?

창업

매출
- 4개의 통장을 만들었는가?
- 주아이템과 부아이템의 예상매출은 얼마인가?
- 고객성향분석은 잘하고 있는가?
- 사업자를 위한 절세 방법을 숙지했는가?
- 계약을 성사시키기 위해 무리한 공약을 하지는 않았는가?
- 타깃영업은 잘하고 있는가?

지원군
- 세무사 사무실에서 조언을 받았는가?
- 자금이 부족하다면 도움받을 곳이 있는가?
- 사무실 등을 저렴하게 구할 수 있는가?
- 조언을 구할 수 있는 멘토가 있는가?
- 거래처와 협력사 등은 확보했는가?

흔들려도
꽃을 피우기 위해

———

'살을 빼겠다!'

'근육질 몸을 만들겠다!'

'금연하겠다!'

'저축하겠다!'

'일주일에 책 한 권을 읽겠다!'

새해가 되면 우리는 많은 결심을 한다. 하지만 이 결심들을 대부분 이루지 못한다. 대부분은 3개월은커녕 1개월만 지나도 결심이 흔들린다.

이 책을 읽고 창업을 시작한 이후에 여러분의 마음은 어떠한가? 초심을 잃지는 않았는가? 그렇다면 초심으로 돌아가기 위해 노력해야 할 것이다.

우리는 분명 어제보다 더 나은 내일을 만들기 위해 창업을 꿈꾸었을 것이다. 물론 우리에게 닥친 현실은 만만치 않다. 창업 생존율이 낮은 현실에서 살아남기 위해서는 창업 준비를 잘해야만 한다. 개업 효과, 대부분의 사람들은 창업을 시작하고 3개월가량은 지인 혹은 주위 사람의 도움으로 어느 정도 매출을 올릴 것이다. 하지만 그 이후에는 얼마나 탄탄하게 대비하느냐에 따라 성패가 갈릴 것이다.

사업을 하다보면 예상치 못한 난관에 부딪칠 때가 종종 있다. 어떤 이는 이 난관을 극복하지 못해 폐업하고, 어떤 이는 난관을 극복할 때마다 한 단계씩 성장한다. 그래서일까? 많은 사업가들이 "위기가 기회"라고 말한다.

사람들은 "꿈은 크게 가져야 한다"고 하지만 나는 "처음부터 꿈을 크게 가져서는 안 된다"고 말하고 싶다. 현실적으로 생각해 보면 사업은 하루아침에 인생을 역전시키는 복권이 아니다. 우리는 현실적이면서 구체적인 꿈, '이번 달 매출은 이만큼 올리겠다'는 꿈부터 꿔야 할 것이다. 창업자라면 이러한 꿈을 이뤄나가며 한 단계씩 성장하는 것을 즐길 줄 알아야 한다.

우리는 한 단계씩 성장할 때마다 새로운 꿈을 꾸게 될 것이다. 목표 매출부터 달라질 것이고, 매입과 지출 등에도 신경 쓸 것이다. 그러면서 열심히 일하는 것보다 효율적으로 일하는 것이 중요하다고 깨닫게 될 것이다.

사무실 평수와 매출은 비례하지 않는다. 많은 사람들이 사장이 되면 거래처 등 다른 사람에게 잘나 보이고 싶어서 사무실이나 자동차, 옷 등 겉치레에 신경 쓰는데, 겉치레를 거두고 실속 있는 회사를 만들어야 한다. 거래처와 고객 등에게 겉치레보다는 실속으로 승부해야 한다. 사람들은 겉으로는 화려해 보이지 않지만 알고 보면 알찬 사람, 실속 있는 회사에게 매력을 느낀다.

이 이미지는 구글의 메인 화면이다. 구글의 메인 화면은 다른 포털 사이트에 비해 단순하지만 필요한 단어를 입력해 검색하는 순간 우리는 세상에서 가장 빠르고 풍부한 백과사전 속으로 들어가게 된다. 『구글을 지탱하는 기술』의 저자 니시다 케이스케는 구글을 이렇게 평가하고 있다. "구글의 무서운 힘은 커튼 뒤의 복잡한 세상을 마치 존재하지 않는 것처럼 단순하게 보여주는 데서 나온다."

우리는 이런 사람이 되어야 한다. 겉으로는 단순해 보이지만

열 번이나 실패했던 나 사장은 어떻게 창업에 성공했을까?

속으로는 세상 모든 정보를 담고 있는 구글처럼, 알고 보면 거래처와 고객이 원하는 것을 무엇이든 해결해 주는 알찬 사람이 되어야 한다.

끝으로 우리는 창업자에게 필요한 기본적인 원칙을 저버리지 말아야 한다. 이 책은 창업자에게 꼭 필요한 기본 원칙들만 소개했는데, 기본적인 것들이 무너지기 시작하면 모든 것이 무너진다. 우리는 날마다 사업이 잘되더라도 느슨해지지 말고, 기본 원칙을 지키며 한 단계씩 성장해야 한다.

이 책에서 소개한 기본 원칙들을 지키면서 위기를 극복하고 성장하는 사람들, 흔들려도 꽃을 피우는 사장님들이 많이 나오기를 바란다. 건투를 빈다.

'오피스 365 비즈니스' 특별할인

사업자라면 정식 라이선스 프로그램을 사용해야 하는데, '오피스 365 비즈니스(Office 365 Business)' 는 가장 많이 사용하는 프로그램입니다. 이 책의 지은이는 독자 여러분에게 감사드리고자 오피스 365 비즈니스 1년 라이선스 프로그램을 다음과 같이 특별할인해 드립니다.

■ '오피스 365 비즈니스(가정용과 차이가 있는 기업용)'

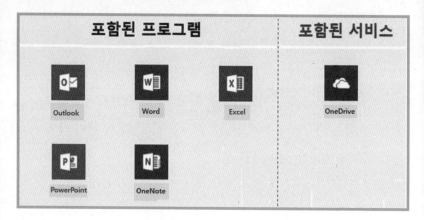

* 본 상품은 오피스 365 비즈니스를 1년간 사용할 수 있는 라이선스 프로그램입니다.
* OneDrive는 1TB 저장공간을 제공합니다.

■ '오피스 365 비즈니스' 특별할인 안내

109,200원 → 102,000원(부가세 포함)

소비자 최저가 　특별할인가

■ '오피스 365 비즈니스'를 특별할인가로 구매하고 싶다면,
아래 연락처로 연락하시기 바랍니다.

■ '오피스 365 비즈니스' 구매 문의

(주)한주C&S 영업부 송정훈 부장

TEL: 02-2025-8240, Mobile: 010-8993-5454, E-mail: jhsong@hanjucs.co.kr